Vorentwurf

zu einem

Deutschen Strafgesetzbuch.

Bearbeitet von der hierzu bestellten Sachverständigen-Kommission.

Veröffentlicht auf Anordnung des Reichs-Justizamts.

Berlin 1909.

J. Guttentag, Verlagsbuchhandlung,

G. m. b. H.

Inhalt.

Allgemeiner Teil.

Besonderer Teil.

Erstes Buch. Verbrechen und Vergehen gegen den Staat.

Zweites Buch. Verbrechen und Vergehen gegen Einrichtungen des Staates.

Entwurf.

Allgemeiner Teil.

1. Abschnitt.

Das Strafgesetz.

§ 1.

(§ 1 St.G.B.)
Einteilung der strafbaren Handlungen.

Eine mit dem Tode, mit Zuchthaus oder mit Haft von über fünf Jahren bedrohte Handlung ist ein Verbrechen.

Eine mit Gefängnis von über drei Monat oder mit Haft von über drei Monat oder mit Geldstrafe von über dreihundert Mark bedrohte Handlung ist ein Vergehen.

Eine mit Gefängnis oder Haft von kürzerer Dauer oder mit Geldstrafe von geringerer Höhe bedrohte Handlung ist eine Übertretung.

§ 2.

(§ 2.)
Zeitliche Geltung des Strafgesetzes.

Eine Handlung kann nur dann bestraft werden, wenn sie zur Zeit der Begehung gesetzlich mit Strafe bedroht war.

Wird das Gesetz bis zur Aburteilung geändert, so kommt das dem Täter günstigste Gesetz zur Anwendung.

Wird es aufgehoben, so fällt die Strafbarkeit fort.

§ 3.

(§§ 8 bis 9.)
Räumliche Geltung des Strafgesetzes.

Die Strafgesetze des Reichs finden Anwendung auf alle in dessen Gebiet begangenen strafbaren Handlungen, auch wenn der Täter ein Ausländer ist.

§ 4.

Nach den Strafgesetzen des Reichs kann verfolgt werden:

1. ein Deutscher, welcher im Ausland eine Handlung begangen hat, die nach den Gesetzen des Reichs als Verbrechen oder Vergehen anzusehen ist;
2. ein Ausländer, welcher im Ausland eine hochverräterische Handlung gegen das Reich oder einen Bundesstaat, ein Münzverbrechen, einen Meineid in einem bei einer deutschen Behörde anhängigen Verfahren, oder welcher gegen einen Deutschen, einen Beamten des Reichs, eines Bundesstaats oder eines Schutzgebiets oder als ein solcher Beamter eine nach den Gesetzen des Reichs als Verbrechen oder Vergehen anzusehende Handlung begangen hat.

§ 5.

In den Fällen des § 4 Nr. 1 ist die Verfolgung auch zulässig, wenn der Täter erst nach Begehung der strafbaren Handlung Deutscher geworden ist. Für diesen Fall gelten, soweit nicht eine der im § 4 Nr. 2 bezeichneten strafbaren Handlungen in Betracht kommt, folgende Vorschriften:

1. das Gesetz des ausländischen Begehungsorts ist anzuwenden, wenn dieses für den Täter günstiger ist;
2. die Verfolgung bleibt ausgeschlossen, wenn
   a) die Handlung durch die Gesetze des Auslandes nicht mit Strafe bedroht ist,
   b) der nach den Gesetzen des Auslandes zur Verfolgung der Handlung erforderliche Antrag nicht gestellt worden ist,
   c) von den Gerichten des Auslandes über die Handlung rechtskräftig erkannt und entweder eine Freisprechung erfolgt oder die ausgesprochene Strafe vollzogen, oder
   d) die Strafverfolgung oder die Strafvollstreckung nach den Gesetzen des Auslandes verjährt oder die Strafe erlassen ist.

§ 6.

Im Ausland begangene Übertretungen sind nur dann zu bestrafen, wenn dies durch besondere Gesetze oder Verträge bestimmt ist.

§ 7.

Eine auf Grund eines ausländischen Urteils vollzogene Strafe ist, wenn wegen derselben Handlung im Reichsgebiet abermals eine Verurteilung erfolgt, auf die erkannte Strafe in Anrechnung zu bringen.

§ 8.

Ein Deutscher darf einer ausländischen Regierung zur Verfolgung oder Bestrafung nicht überliefert werden.

(§§ 10 bis 12.)
Persönliche Geltung des Strafgesetzes.

§ 9.

Auf deutsche Militärpersonen finden die allgemeinen Strafgesetze insoweit Anwendung, als die Militärgesetze nichts anderes bestimmen.

§ 10.

Kein Mitglied eines Landtags oder einer Kammer eines zum Reiche gehörigen Staates darf außerhalb der Versammlung, zu der das Mitglied gehört, wegen seiner Abstimmung oder wegen einer in Ausübung seines Berufs getanen Äußerung zur Verantwortung gezogen werden.

§ 11.

Wahrheitsgetreue Berichte über die Verhandlungen eines Landtags oder einer Kammer eines zum Reiche gehörigen Staates bleiben von jeder Verantwortlichkeit frei.

§ 12.

(Neu.) Sprachgebrauch dieses Gesetzes.

Dieses Gesetz versteht unter

1. Angehörigen:
   Verwandte und Verschwägerte gerader Linie, Adoptiv- und Pflegeeltern, Adoptiv- und Pflegekinder, Ehegatten, Geschwister und deren Ehegatten und Verlobte;
2. Jugendlichen:
   Personen, welche das vierzehnte, aber nicht das achtzehnte Lebensjahr vollendet haben;
3. einem Beamten:
   eine Person, die zur Ausübung eines öffentlichen Amtes berufen ist;
4. Gewalt:
   auch die Versetzung in einen Zustand der Bewußtlosigkeit oder Widerstandsunfähigkeit durch hypnotische oder narkotische oder ähnliche Mittel;
5. einer beweglichen Sache:
   auch die in einer elektrischen Anlage oder Einrichtung enthaltene Energie.

2. Abschnitt.

Strafen. Sichernde Maßnahmen. Schadensersatz.

Hauptstrafen.

§ 13.

(§ 13.) Todesstrafe.

Die Todesstrafe ist durch Enthauptung zu vollstrecken.

§ 14.

(§§ 14, 15.) Zuchthausstrafe.

Die Zuchthausstrafe ist eine lebenslängliche oder eine zeitige.

Der Höchstbetrag der zeitigen Zuchthausstrafe ist fünfzehn Jahre, ihr Mindestbetrag ein Jahr.

Wo das Gesetz die Zuchthausstrafe nicht ausdrücklich als eine lelenslängliche androht, ist sie eine zeitige.

§ 15.

Die Zuchthausstrafe wird in ausschließlich dazu bestimmten Strafanstalten vollstreckt.

Die Zuchthaussträflinge unterliegen strengem Arbeitszwange; sie sind zu Arbeiten innerhalb oder außerhalb der Anstalt anzuhalten. Sie tragen Anstaltskleidung und erhalten Anstaltskost.

Ein Verkehr mit außerhalb der Anstalt stehenden Personen ist ihnen nur in engen Grenzen gestattet.

§ 16.

(§ 16.) Gefängnisstrafe.

Der Höchstbetrag der Gefängnisstrafe ist fünf Jahre, ihr Mindestbetrag ein Tag.

§ 17.

Die Gefängnisgefangenen stehen unter Beschäftigungszwang. Soweit es die Einrichtungen der Anstalt zulassen, sind ihnen solche Arbeiten zu übertragen, welche dem Beruf entsprechen, dem sie angehören, oder dem sie nach der Entlassung nachgehen wollen; bei Zuweisung der Arbeit sind ihre Wünsche zu berücksichtigen. Außerhalb der Anstalt dürfen sie ohne ihre Zustimmung nicht beschäftigt werden.

Die Gefangenen werden von der Anstalt gekleidet und beköstigt. Wenn sie sich im Besitz der bürgerlichen Ehrenrechte befinden, ist ihnen der Gebrauch der eigenen Kleidung zu gestatten, wenn diese angemessen ist; auch kann ihnen aus besonderen Gründen Selbstbeköstigung bewilligt werden. Über Beschwerden entscheidet das Gericht.

Der Verkehr der Gefangenen mit außerhalb der Anstalt stehenden Personen unterliegt den durch die Ordnung in der Anstalt gebotenen Beschränkungen.

(Neu.)
Schärfungen der Zuchthaus- und Gefängnisstrafe.

§ 18.

Zeugt die Tat von besonderer Roheit, Bosheit oder Verworfenheit, oder ist nach den Vorbestrafungen des Täters anzunehmen, daß der gewöhnliche Strafvollzug auf ihn nicht die erforderliche Wirkung ausüben werde, so kann das Gericht im Urteile Schärfungen der Zuchthaus- oder Gefängnisstrafe anordnen.

Die Schärfungen bestehen darin, daß der Verurteilte geminderte Kost oder eine harte Lagerstätte erhält. Sie können auch vereinigt angeordnet werden und kommen an jedem dritten Tage in Wegfall. Die Dauer der Schärfungen darf im Zusammenhang vier Wochen nicht übersteigen. Schärfungen dürfen bei Strafen bis zu drei Monaten nur einmal, bei Strafen bis zu sechs Monaten nur zweimal und bei längeren Strafen in jedem Jahre höchstens dreimal angeordnet werden. Der Zwischenraum zwischen zwei Schärfungen muß mindestens das Doppelte der Dauer der vorangegangenen Schärfung betragen.

Hat der Gefangene sich mindestens ein Jahr lang gut geführt, so kann das Gericht für die übrige Strafzeit die Schärfungen mildern oder aufheben.

Geschärfte Zuchthaus- oder Gefängnisstrafe darf nur an demjenigen vollstreckt werden, der nach dem Gutachten des Anstaltsarztes seiner Gesundheit nach dazu fähig ist. An schwangeren oder nährenden Frauen darf sie nicht vollzogen werden. Erscheint die Vollstreckung hiernach nicht zulässig, so hat das Gericht hierüber zu entscheiden. Es kann dabei mit Rücksicht auf den Wegfall der Schärfung die Strafe in angemessener Weise erhöhen.

(§ 18.)
Haftstrafe.

§ 19.

Die Haftstrafe ist eine lebenslängliche oder eine zeitige.

Der Höchstbetrag der zeitigen Haftstrafe ist, soweit nicht das Gesetz ausdrücklich etwas anderes bestimmt, drei Jahre und, wenn die Haftstrafe wahlweise neben Zuchthaus oder bei mildernden Umständen an Stelle von Zuchthaus angedroht ist, fünfzehn Jahre. Ihr Mindestbetrag ist ein Tag.

§ 20. (§ 18.)

Die Haftstrafe besteht in Freiheitsentziehung mit Beaufsichtigung der Beschäftigung und Lebensweise. Sie wird in besonderen Anstalten oder Abteilungen vollstreckt, so daß die Haftgefangenen mit Gefängnisgefangenen nicht in Berührung kommen.

Die Haftgefangenen dürfen sich selbst kleiden und beköstigen. Ihnen ist gestattet, sich mit angemessener Arbeit zu beschäftigen. Soweit dies nicht geschieht, sind sie zur Leistung der ihnen zugewiesenen Arbeiten, die ihrem Beruf oder ihrer Lebensstellung entsprechen müssen, verpflichtet; doch ist von ihnen eine geringere Arbeitsleistung zu fordern, als von Gefängnisgefangenen.

§ 21. (Neu.) Trennung der Gefangenen.

Männliche Gefangene werden von weiblichen, jugendliche von erwachsenen vollständig, Gefangene, die nicht im Besitz der bürgerlichen Ehrenrechte sind, von den übrigen Gefangenen tunlichst abgesondert.

§ 22. (§ 22.) Einzelhaft.

Zuchthaus- und Gefängnisgefangene sind im Anfange der Strafzeit in Einzelhaft zu halten, und zwar Zuchthausgefangene mindestens sechs, Gefängnisgefangene mindestens drei Monate, bei kürzerer Strafzeit während der ganzen Strafdauer. Auch Haftgefangene sind in Einzelhaft zu nehmen, wenn von ihnen ein schädlicher Einfluß auf Mitgefangene zu besorgen oder wenn aus anderen Gründen ihre Absonderung angemessen ist.

Die Einzelhaft kann fortdauern, so lange sie der Anstaltsbehörde erforderlich erscheint. Sie hat fortzudauern, wenn von dem Gefangenen ein schädlicher Einfluß auf Mitgefangene zu besorgen ist. Ohne Zustimmung des Gefangenen darf sie jedoch drei Jahre nicht übersteigen.

Einzelhaft ist ausgeschlossen, wenn anzunehmen ist, daß sie mit Gefahr für den körperlichen oder geistigen Zustand des Gefangenen verbunden sein würde.

Nach Ablauf der Einzelhaft wird der Gefangene mit anderen Gefangenen gemeinsam beschäftigt, jedoch bei Nacht möglichst von anderen Gefangenen getrennt gehalten.

Das Verlangen eines Gefangenen, in Einzelhaft gehalten zu werden, ist tunlichst zu berücksichtigen.

§ 23. (Neu.) Ausführungsbestimmungen.

Soweit das Gesetz keine Vorschriften enthält, bestimmen das Nähere über die Einrichtung der Strafanstalten und die Behandlung der Gefangenen die vom Bundesrat zu erlassenden Ausführungsvorschriften und die Verwaltungsvorschriften der einzelnen Bundesstaaten; doch muß die Behandlung der Zuchthaussträflinge eine strengere sein als die der Gefängnisgefangenen und die der Gefängnisgefangenen eine strengere als die der Haftgefangenen.

§ 24. (§ 19.) Berechnung der Freiheitsstrafen.

Bei Freiheitsstrafen wird der Tag zu vierundzwanzig Stunden, die Woche zu sieben Tagen, der Monat und das Jahr nach der Kalenderzeit gerechnet.

Die Dauer von Freiheitsstrafen darf nur nach vollen Tagen, Wochen, Monaten und Jahren bemessen werden. Sofern die Bemessung der Strafzeit nach Bruchteilen einer bestimmten Zeit zu erfolgen hat, kommt derjenige Teil der Strafe in Wegfall, der eine Zahl von vollen Tagen übersteigt.

(§ 21.) Verhältnis der verschiedenen Freiheitsstrafen zueinander.

§ 25.

Achtmonatige Zuchthausstrafe ist einer einjährigen Gefängnisstrafe, achtmonatige Gefängnisstrafe einer einjährigen Haftstrafe gleichzuachten.

(§§ 28 bis 26.) Vorläufige Entlasung.

§ 26.

Die zu einer längeren Freiheitsstrafe Verurteilten können, wenn sie zwei Dritteile, mindestens aber ein Jahr der ihnen auferlegten Strafe verbüßt haben, vorläufig entlassen werden. Ist Untersuchungshaft angerechnet, so gilt als auferlegte die wirklich noch zu verbüßende Strafe.

Die vorläufige Entlassung ist nur zulässig, wenn der Gefangene sich während der Strafverbüßung gut geführt hat und nach seiner Vergangenheit und seinen sonstigen persönlichen Verhältnissen die Erwartung weiteren Wohlverhaltens rechtfertigt, sowie wenn eine zu seinem Unterhalt ausreichende dauernde Arbeitsgelegenheit für ihn gesichert oder dargetan ist, daß in anderer Weise für sein Unterkommen und für seinen Unterhalt gesorgt sein werde.

§ 27.

Die vorläufige Entlassung kann widerrufen werden, wenn der Entlassene sich schlecht führt oder den ihm bei der Entlassung auferlegten Verpflichtungen zuwiderhandelt.

Im Falle des Widerrufs wird die seit der vorläufigen Entlassung bis zur Wiedereinlieferung verflossene Zeit auf die festgesetzte Strafdauer nicht angerechnet.

Sind seit der vorläufigen Entlassung zwei Jahre oder, wenn der noch zu verbüßende Strafrest mehr beträgt, ein Zeitraum von dessen Dauer verstrichen, ohne daß ein Widerruf erfolgt ist, so gilt die Strafe als verbüßt.

§ 28.

Der vorläufig Entlassene kann für die Dauer der Probezeit (§ 27 Abs. 3) der Aufsicht des Vertreters eines Fürsorgevereins oder einer anderen geeigneten Person, welche sich dazu bereit erklärt, unterstellt werden.

Die näheren Vorschriften über die Beaufsichtigung des vorläufig Entlassenen werden vom Bundesrat erlassen.

§ 29.

Über die vorläufige Entlassung und über den Widerruf entscheidet die oberste Justizaufsichtsbehörde, im ersteren Falle nach Anhörung der Gefängnisverwaltung.

Aus dringenden Gründen des öffentlichen Wohles kann die Polizeibehörde des Aufenthaltsorts die einstweilige Festnahme des Entlassenen anordnen. Die Entscheidung über den Widerruf ist sofort einzuholen; dieser gilt als an dem Tage der Festnahme erfolgt.

§ 30. (§§ 27 bis 30.) Geldstrafe.

Der Mindestbetrag der Geldstrafe ist bei Verbrechen und Vergehen fünf, bei Übertretungen eine Mark. Die Geldstrafe soll unter Berücksichtigung der Vermögensverhältnisse des Verurteilten bemessen werden.

§ 31. (Neu.)

Das Gericht kann im Urteile zur Zahlung der Geldstrafe Frist bis zu drei Monaten bewilligen, auch dem Verurteilten die Abtragung der Geldstrafe durch bestimmte, spätestens innerhalb eines Jahres zu leistende Teilzahlungen gestatten.

Diese Anordnungen können auch durch nachfolgende Entscheidung des Gerichts getroffen oder zu Gunsten des Verurteilten geändert werden.

§ 32. (Neu.)

Dem Verurteilten kann die Tilgung der Geldstrafe durch freie Arbeit, soweit sich dazu Gelegenheit bietet, gestattet werden.

Das Nähere über die Art der Arbeit und ihre Anrechnung auf die Geldstrafe bestimmen die vom Bundesrat zu erlassenden Ausführungsvorschriften und die Verwaltungsvorschriften der einzelnen Bundesstaaten.

§ 33. (Neu.)

Insoweit die Geldstrafe nicht gemäß §§ 30 bis 32 getilgt wird, erfolgt ihre Beitreibung.

Der Versuch der Beitreibung kann unterbleiben, wenn die Uneinbringlichkeit der Geldstrafe als feststehend anzusehen ist.

§ 34. (§§ 28, 29.)

Eine uneinbringliche Geldstrafe ist in Haft und, wenn auf die Geldstrafe neben einer anderen Freiheitsstrafe erkannt ist, in diese Freiheitsstrafe derart umzuwandeln, daß bei Verbrechen und Vergehen der Betrag von fünf bis zu dreißig Mark, bei Übertretungen der Betrag von einer bis zu dreißig Mark einem Tage Freiheitsstrafe gleichgeachtet wird.

Die Ersatzstrafe beträgt mindestens einen Tag und höchstens ein Jahr, bei Übertretungen höchstens drei Monate, niemals jedoch mehr als eine neben der Geldstrafe wahlweise angedrohte Freiheitsstrafe.

Der Verurteilte kann sich durch Erlegung des Strafbetrags, soweit dieser durch die Ersatzstrafe noch nicht getilgt ist, von der letzteren freimachen.

§ 35. (§ 30.)

In den Nachlaß eines Verurteilten darf eine Geldstrafe nicht vollstreckt werden.

§ 36. (Neu.)

Neben der wegen eines Verbrechens oder Vergehens verwirkten Freiheitsstrafe kann, wenn die Handlung auf Gewinnsucht beruht, auf Geldstrafe bis zu zehntausend Mark erkannt werden.

(Neu.)
Verweis.

§ 37.

Die Strafe des Verweises besteht in der Erteilung einer Rüge in mündlicher oder schriftlicher Form.

(Neu.)
Bedingte Strafaussetzung.

§ 38.

Wird jemand, der bisher wegen eines Verbrechens oder Vergehens zu einer Freiheitsstrafe nicht verurteilt war, zu einer sechs Monate nicht übersteigenden Gefängnis- oder Haftstrafe verurteilt, so kann das Gericht im Urteil anordnen, daß die Vollstreckung der Strafe während einer zu bestimmenden Frist ausgesetzt werde, um dem Verurteilten Gelegenheit zu geben, sich durch gute Führung den Erlaß der Strafe zu verdienen.

Die Frist beträgt bei Verbrechen und Vergehen mindestens zwei und höchstens fünf, bei Übertretungen mindestens ein und höchstens zwei Jahre.

(Neu.)

§ 39.

Die Strafaussetzung ist nur zulässig, wenn der Täter nach den Umständen der Tat und nach seinem Vorleben einer besonderen Berücksichtigung würdig erscheint und zu der Erwartung berechtigt, daß er auch ohne den Vollzug der Strafe sich künftig wohlverhalten werde. Bei der Entscheidung ist auch auf die Beweggründe zur Tat, auf die seitdem verflossene Zeit, sowie auf das Verhalten des Verurteilten nach der Tat zu achten, insbesondere darauf, ob er sich nach Kräften bemüht hat, den angerichteten Schaden wieder gut zu machen.

Die Strafaussetzung soll hauptsächlich jugendlichen Verurteilten, kann jedoch auch erwachsenen Verurteilten gewährt werden.

(Neu.)

§ 40.

Wird der Verurteilte innerhalb der Frist von neuem verurteilt, so fällt mit Rechtskraft des neuen Urteils, wenn es wegen eines Verbrechens oder vorsätzlichen Vergehens auf Freiheitsstrafe lautet, die Strafaussetzung weg.

Lautet das Urteil auf eine andere Strafe, oder ergeht es wegen einer anderen strafbaren Handlung, oder erscheint die neue Tat so geringfügig, daß die Annahme guter Führung durch sie nicht ausgeschlossen wird, so entscheidet das Gericht über den Wegfall der Strafaussetzung.

Hat, abgesehen von einer neuen Bestrafung, der Verurteilte sich während der Strafaussetzung schlecht geführt, so ordnet das Gericht, das in der Sache erkannt hat, die Vollstreckung der Strafe an.

Gelangt hiernach die Strafe nicht zur Vollstreckung, so gilt sie mit dem Ablaufe der Frist als erlassen.

(Neu.)

§ 41.

Die Vorschriften der §§ 38 bis 40 finden auf Gefängnis- oder Haftstrafen, die an Stelle uneinbringlicher Geldstrafen festgesetzt sind, mit der Maßgabe Anwendung, daß das Gericht über Gewährung der Strafaussetzung erst beschließt, sobald feststeht, daß der Fall der Vollstreckung der Ersatzstrafe gegeben ist.

§ 42.

Sichernde Maßnahmen. (Neu.) Arbeitshaus.

Ist eine strafbare Handlung auf Liederlichkeit oder Arbeitsscheu zurückzuführen, und ist für sie eine mindestens vierwöchige Gefängnis- oder Haftstrafe verwirkt, so kann in den im Gesetz besonders bestimmten Fällen das Gericht neben der Strafe oder, wenn die Strafe drei Monate nicht übersteigt, an ihrer Stelle auf Unterbringung des arbeitsfähigen Verurteilten in ein Arbeitshaus auf die Dauer von sechs Monaten bis zu drei Jahren erkennen, falls diese Maßregel erforderlich erscheint, um den Verurteilten wieder an ein gesetzmäßiges und arbeitsames Leben zu gewöhnen.

Auf Grund dieser Entscheidung hat die Landespolizeibehörde für die Unterbringung zu sorgen. Ist der Verurteilte ein Ausländer, so kann ihn die Landespolizeibehörde statt oder neben der Unterbringung aus dem Reichsgebiet ausweisen.

Erweist sich der Verurteilte nachträglich als nicht arbeitsfähig, so hat das Gericht, wenn auf Unterbringung an Stelle einer Gefängnis- oder Haftstrafe erkannt war, eine solche von angemessener Dauer festzusetzen.

Hat der Verurteilte die Hälfte der bestimmten Zeit in der Anstalt zugebracht, sich gut geführt und fleißig gearbeitet, so kann ihn die Landespolizeibehörde vorläufig entlassen. Die Vorschriften in §§ 26 Abs. 2, 27 bis 29 finden entsprechende Anwendung, doch entscheidet auch über den Widerruf der vorläufigen Entlassung die Landespolizeibehörde.

§ 43.

(Neu.) Wirtshausverbot. Unterbringung in eine Trinkerheilanstalt.

Ist eine strafbare Handlung auf Trunkenheit zurückzuführen, so kann das Gericht neben der Strafe dem Verurteilten den Besuch der Wirtshäuser auf die Dauer bis zu einem Jahr verbieten. Ist Trunksucht festgestellt, so kann das Gericht neben einer mindestens zweiwöchigen Gefängnis- oder Haftstrafe die Unterbringung des Verurteilten in eine Trinkerheilanstalt bis zu seiner Heilung, jedoch höchstens auf die Dauer von zwei Jahren anordnen, falls diese Maßregel erforderlich erscheint, um den Verurteilten wieder an ein gesetzmäßiges und geordnetes Leben zu gewöhnen.

Auf Grund dieser Entscheidung hat die Landespolizeibehörde für die Unterbringung zu sorgen. Sie ist befugt, den Untergebrachten im Falle seiner früheren Heilung auch vor dem Ablaufe der bestimmten Zeit aus der Anstalt zu entlassen.

Nebenstrafen. Ehrenstrafen.

§ 44.

(§ 81.) Folgen der Zuchthausstrafe.

Die Verurteilung zur Zuchthausstrafe hat die dauernde Unfähigkeit zum Dienste in dem Deutschen Heere oder der Kaiserlichen Marine, sowie die dauernde Unfähigkeit zur Ausübung öffentlicher Ämter und der Rechtsanwaltschaft von Rechts wegen zur Folge.

§ 45.

(§§ 32 bis 37.) Verlust der bürgerlichen Ehrenrechte und einzelner Rechte.

Wenn die Tat aus ehrloser Gesinnung hervorgegangen ist, kann neben der Todesstrafe und lebenslänglicher Zuchthausstrafe auf den dauernden, neben zeitiger Zuchthausstrafe und Gefängnisstrafe auf zeitigen Verlust der bürgerlichen Ehrenrechte erkannt werden, neben zeitiger Gefängnisstrafe jedoch nur, wenn diese wegen eines Verbrechens oder vorsätzlichen Vergehens verhängt wird und mindestens sechs Monate beträgt.

Wegen der in den Abschnitten 1 bis 9 und 21 des Besonderen Teils aufgeführten strafbaren Handlungen darf neben Gefängnisstrafe auf den Verlust der bürgerlichen Ehrenrechte nur erkannt werden, soweit dies dort ausdrücklich vorgesehen ist.

Die Dauer des zeitigen Verlustes der bürgerlichen Ehrenrechte beträgt bei Zuchthausstrafe zwei bis zehn, bei Gefängnisstrafe ein bis fünf Jahre.

§ 46.

Die Aberkennung der bürgerlichen Ehrenrechte bewirkt den dauernden Verlust der aus öffentlichen Wahlen für den Verurteilten hervorgegangenen Rechte, der öffentlichen Ämter, Würden, Titel, Orden und Ehrenzeichen, sowie der Zulassung zur Rechtsanwaltschaft.

Die Aberkennung der bürgerlichen Ehrenrechte bewirkt ferner die Unfähigkeit, während der im Urteile bestimmten Zeit

1. die Reichs- oder Landeskokarde zu tragen;
2. in das Deutsche Heer oder die Kaiserliche Marine einzutreten;
3. öffentliche Ämter, Würden, Titel, Orden oder Ehrenzeichen zu erlangen oder zur Ausübung der Rechtsanwaltschaft zugelassen zu werden;
4. in öffentlichen Angelegenheiten zu stimmen, zu wählen oder gewählt zu werden oder andere politische Rechte auszuüben;
5. Zeuge bei Aufnahme von Urkunden oder bei Eheschließungen zu sein;
6. Vormund, Gegenvormund, Pfleger, Beistand der Mutter oder Mitglied eines Familienrats zu sein, es sei denn, daß es sich um Verwandte absteigender Linie handelt und das Vormundschaftsgericht oder der Familienrat die Genehmigung erteilt.

§ 47.

Neben einer Zuchthausstrafe und neben einer Gefängnisstrafe, mit welchen die Aberkennung der bürgerlichen Ehrenrechte hätte verbunden werden können, kann auf den Verlust oder die Unfähigkeit zur Ausübung einzelner der im § 46 aufgeführten Rechte auf die Dauer von einem bis zu fünf Jahren erkannt werden, wenn nach der Art der Tat ein Mißbrauch dieser Rechte zu besorgen ist.

§ 48.

Die Wirkung des Verlustes der bürgerlichen Ehrenrechte oder der Aberkennung einzelner Rechte tritt mit der Rechtskraft des Urteils ein. Die Zeitdauer wird von dem Tage berechnet, an dem die Freiheitsstrafe, neben der der Verlust ausgesprochen wurde, verbüßt, verjährt oder erlassen ist.

§ 49.

Ist ein Deutscher im Auslande wegen eines Verbrechens oder Vergehens bestraft worden, das nach den Gesetzen des Deutschen Reichs den Verlust der bürgerlichen Ehrenrechte überhaupt oder einzelner Rechte zur Folge hat oder zur Folge haben kann, so ist ein neues Strafverfahren zulässig, um gegen den in diesem Verfahren für schuldig Erklärten auf jene Folgen zu erkennen.

§ 50.

(Neu.) Wiedereinsetzung.

Wenn nach der Verbüßung, dem Erlaß oder der Verjährung der verhängten Freiheitsstrafe ein Zeitraum verstrichen ist, der bei Zuchthausstrafe mindestens drei, bei Gefängnisstrafe mindestens zwei Jahre beträgt, kann das Gericht den zum Verlust der bürgerlichen Ehrenrechte oder zum Verlust einzelner Rechte Verurteilten in diejenigen Rechte, die er infolge der Verurteilung verloren hat (§§ 44 bis 47), wieder einsetzen, wenn er sich seither ehrenhaft geführt und einer besonderen Berücksichtigung würdig gezeigt, auch sich nach Kräften bemüht hat, den durch die strafbare Handlung verursachten Schaden wieder gut zu machen.

§ 51.

(Neu.) Löschung der Bestrafung in dem Strafregister usw.

Wenn nach der Verbüßung, dem Erlaß oder der Verjährung der verhängten Strafe ein längerer Zeitraum verstrichen ist, während dessen sich der Verurteilte gut geführt hat, kann das Gericht anordnen, daß die Bestrafung in dem Strafregister oder in den sonstigen amtlichen Strafverzeichnissen gelöscht werde.

Der Zeitraum beträgt, wenn die Strafe keine schwerere ist als eine dreimonatige Freiheitsstrafe, bei jugendlichen Verurteilten mindestens zwei, bei erwachsenen Verurteilten mindestens fünf Jahre, sonst bei jugendlichen Verurteilten mindestens fünf, bei erwachsenen Verurteilten mindestens zehn Jahre.

Zuchthausstrafen sind von dieser Bestimmung ausgeschlossen. Das Gleiche gilt von längeren als einjährigen Gefängnis- oder Haftstrafen, die gegen Erwachsene erkannt sind.

§ 52.

(Neu.)

Die angeordnete Löschung ist in dem Strafregister und in den sonstigen amtlichen Strafverzeichnissen zu vermerken.

Bei Erteilung eines Registerauszugs ist die Strafe als gelöscht zu bezeichnen. Bei einer Auskunftserteilung auf Grund der anderen Verzeichnisse ist die gelöschte Strafe nicht anzugeben.

§ 53.

(Neu.) Aufenthaltsbeschränkung.

Ist mit Rücksicht auf die Art der verübten strafbaren Handlung oder die Person des Verurteilten anzunehmen, daß dessen Aufenthalt an bestimmten Orten mit einer besonderen Gefahr für einen anderen oder für die öffentliche Sicherheit verbunden sein würde, so kann neben der Zuchthausstrafe stets, neben einer Gefängnisstrafe von mindestens einem Jahr in den im Gesetze besonders bestimmten Fällen auf Zulässigkeit der Beschränkung des Aufenthalts auf die Dauer von höchstens fünf Jahren erkannt werden; die Zeit wird von dem Tage berechnet, an dem die Freiheitsstrafe verbüßt, verjährt oder erlassen ist.

Die Landespolizeibehörde erhält hierdurch die Befugnis, nach Anhörung der Gefängnisverwaltung dem Verurteilten an denjenigen Orten, wo jene Gefahr besteht, den Aufenthalt zu untersagen.

Ist gegen einen Ausländer auf Zulässigkeit der Beschränkung des Aufenthalts erkannt, so kann die Landespolizeibehörde innerhalb der im Urteile bemessenen Frist den Verurteilten aus dem Reichsgebiet ausweisen.

(§§ 40 bis 42.) Einziehung und Unbrauchbarmachung.

§ 54.

Gegenstände, die durch ein Verbrechen oder vorsätzliches Vergehen hervorgebracht sind, oder die zur Begehung eines Verbrechens oder vorsätzlichen Vergehens gebraucht oder bestimmt waren, können, sofern sie dem Täter oder einem Teilnehmer gehören, eingezogen werden. Bei anderen strafbaren Handlungen ist diese Maßregel nur in den durch das Gesetz besonders vorgesehenen Fällen zulässig.

Die Einziehung ist im Urteil auszusprechen.

§ 55.

Wenn der Inhalt einer Schrift, Abbildung oder Darstellung strafbar ist, so ist im Urteil auszusprechen, daß alle Exemplare einzuziehen, sowie die zu ihrer Herstellung bestimmten Platten und Formen unbrauchbar zu machen sind. Ist nur ein Teil des Inhalts strafbar, so ist, insofern eine Ausscheidung möglich ist, die Anordnung entsprechend zu beschränken und in bezug auf die Exemplare nicht die Einziehung, sondern nur die Unbrauchbarmachung auszusprechen.

Diese Vorschriften beziehen sich jedoch nur auf die im Besitze des Verfassers, Druckers, Herausgebers, Verlegers oder Buchhändlers befindlichen und auf die öffentlich ausgelegten oder öffentlich angebotenen Exemplare.

§ 56.

Kann eine bestimmte Person als Täter oder Teilnehmer nicht verfolgt oder nicht verurteilt werden, so können die in den §§ 54 und 55 vorgeschriebenen Maßnahmen selbständig erkannt werden.

(Neu.) Schadensersatz.

§ 57.

Ist durch die strafbare Handlung dem Verletzten ein nach bürgerlichem Rechte zu ersetzender Schaden erwachsen, so hat das Gericht auf Verlangen des Geschädigten neben der Strafe auf Ersatz des Schadens zu erkennen, sofern dieser den Betrag von zwanzigtausend Mark nicht übersteigt, und soweit seine Feststellung ohne Verzögerung des Strafverfahrens möglich ist.

Soweit der Schadensersatz zuerkannt ist, ist die Geltendmachung eines weiteren Entschädigungsanspruchs gegenüber dem Verurteilten ausgeschlossen.

Mehrere zum Schadensersatz Verurteilte haften als Gesamtschuldner.

3. Abschnitt.

Die Schuld.

§ 58.

(Neu.) Schuld und Schuldformen.

Wenn das Gesetz nichts anderes bestimmt[1]), ist nur strafbar, wer schuldhaft handelt. Schuldhaft handelt, wer entweder vorsätzlich oder fahrlässig handelt.

Der Vorsatz wird immer bestraft, die Fahrlässigkeit bei Vergehen nur dann, wenn dies das Gesetz ausdrücklich anordnet, bei Übertretungen stets, soweit nicht das Gesetz die vorsätzliche Begehung ausdrücklich erfordert oder unzweideutig voraussetzt.

§ 59.

(Neu.) Vorsatz. Absicht.

Vorsätzlich handelt, wer die Tat mit Wissen und Willen ausführt.

Wissen und Wille des Täters liegen auch dann vor, wenn er alle zum gesetzlichen Tatbestand der strafbaren Handlung gehörigen tatsächlichen Umstände als nicht unwahrscheinlich vorhanden und, soweit zu dem gesetzlichen Tatbestand ein bestimmter Erfolg gehört, diesen als nicht unwahrscheinlich eintretend ansieht.

Eine vorsätzliche Handlung ist eine absichtliche, wenn der Täter sie verübt, um einen bestimmten Erfolg herbeizuführen.

§ 60.

(Neu.) Fahrlässigkeit.

Fahrlässig handelt, wer die Tat zwar nicht mit Vorsatz, jedoch aus Mangel an derjenigen Aufmerksamkeit ausführt, zu welcher er nach den Umständen und nach seinen persönlichen Verhältnissen verpflichtet und imstande ist.

§ 61.

(Neu.) Rechtsirrtum.

Hält der Täter die Handlung für erlaubt, weil er sich über nicht strafrechtliche Rechtssätze oder deren Anwendbarkeit irrt, so liegt Vorsatz nicht, und Fahrlässigkeit nur dann vor, wenn der Irrtum auf Fahrlässigkeit beruht.

Hält der Täter die Handlung für erlaubt, weil er sich über das Strafgesetz irrt, so können hinsichtlich der Bestrafung die Vorschriften über den Versuch (§ 76) angewendet werden.

§ 62.

(Neu.) Erfolgshaftung.

Wo das Gesetz für den Fall, daß eine strafbare Handlung einen bestimmten, nicht gewollten Erfolg herbeiführt, eine erhöhte Strafe androht, tritt, soweit nichts anderes bestimmt ist, diese Strafe nur dann ein, wenn der Täter die Möglichkeit eines solchen Erfolges voraussehen konnte.

---

[1]) Im Einführungsgesetze wird wegen Aufrechterhaltung der bisherigen in diese Kategorie gehörigen Reichs- und Landesgesetze ausdrücklich Bestimmung zu treffen sein.

4. Abschnitt.

Strafausschließungs- und Milderungsgründe.

(§ 51.)
Geistige Mängel.

§ 63.

Nicht strafbar ist, wer zur Zeit der Handlung geisteskrank, blödsinnig oder bewußtlos war, so daß dadurch seine freie Willensbestimmung ausgeschlossen wurde.

War die freie Willensbestimmung durch einen der vorbezeichneten Zustände zwar nicht ausgeschlossen, jedoch in hohem Grade vermindert, so finden hinsichtlich der Bestrafung die Vorschriften über den Versuch (§ 76) Anwendung. Zustände selbstverschuldeter Trunkenheit sind hiervon ausgenommen.

Freiheitsstrafen sind an den nach Abs. 2 Verurteilten unter Berücksichtigung ihres Geisteszustandes und, soweit dieser es erfordert, in besonderen, für sie ausschließlich bestimmten Anstalten oder Abteilungen zu vollstrecken.

(Neu.)
Trunkenheit.

§ 64.

War der Grund der Bewußtlosigkeit selbstverschuldete Trunkenheit und hat der Täter in diesem Zustand eine Handlung begangen, die auch bei fahrlässiger Begehung strafbar ist, so tritt die für die fahrlässige Begehung angedrohte Strafe ein.

(Neu.)
Verwahrung in Anstalten.

§ 65.

Wird jemand auf Grund des § 63 Abs. 1 freigesprochen oder außer Verfolgung gesetzt, oder auf Grund des § 63 Abs. 2 zu einer milderen Strafe verurteilt, so hat das Gericht, wenn es die öffentliche Sicherheit erfordert, seine Verwahrung in einer öffentlichen Heil- oder Pflegeanstalt anzuordnen. War der Grund der Bewußtlosigkeit selbstverschuldete Trunkenheit, so finden auf den Freigesprochenen oder außer Verfolgung Gesetzten außerdem die Vorschriften des § 43 über die Unterbringung in eine Trinkerheilanstalt entsprechende Anwendung.

Im Falle des § 63 Abs. 2 erfolgt die Verwahrung nach verbüßter Freiheitsstrafe.

Auf Grund der gerichtlichen Entscheidung hat die Landespolizeibehörde für die Unterbringung zu sorgen. Sie bestimmt auch über die Dauer der Verwahrung und über die Entlassung. Gegen ihre Bestimmung ist gerichtliche Entscheidung zulässig.

Die erforderlichen Ausführungsvorschriften werden vom Bundesrat erlassen.

(§ 53.)
Notwehr.

§ 66.

Nicht strafbar ist, wer in Notwehr handelt. Notwehr ist diejenige Verteidigung, welche erforderlich ist, um einen gegenwärtigen, rechtswidrigen Angriff von sich oder einem anderen abzuwenden.

Überschreitet der Täter die Grenzen der Notwehr, so können hinsichtlich der Bestrafung die Vorschriften über den Versuch (§ 76) angewendet werden; hat der Täter in entschuldbarer Aufregung oder Bestürzung gehandelt, so ist er straflos.

§ 67. (§ 54.)

Notstand.

Nicht strafbar ist, wer eine Handlung zur Rettung der Person oder des Eigentums seiner selbst oder eines anderen aus einer gegenwärtigen, auf andere Weise nicht zu beseitigenden, unverschuldeten Gefahr vornimmt, es sei denn, daß die Gefahr nur gering ist, oder, soweit es sich nur um die Rettung von Eigentum handelt, der von der Handlung zu erwartende Schaden unverhältnismäßig größer ist als die Gefahr.

§ 68. (§§ 55 bis 57.)

Jugendliches Alter.

Nicht strafbar ist, wer bei Begehung der Handlung das vierzehnte Lebensjahr nicht vollendet hat.

§ 69.

Hatte der Täter zur Zeit der Tat das achtzehnte Lebensjahr nicht vollendet, so sind hinsichtlich der Bestrafung die Vorschriften über den Versuch (§ 76) anzuwenden, doch darf auf lebenslängliches Zuchthaus nicht erkannt werden. Ist die danach bestimmte Strafe Zuchthaus, so tritt Gefängnisstrafe von gleicher Dauer an ihre Stelle. Auf Verschärfung des Strafvollzugs (§ 18), Arbeitshaus (§ 42), Verlust der bürgerlichen Ehrenrechte (§§ 46 bis 49) und Aufenthaltsbeschränkung (§ 53) ist nicht zu erkennen.

Erscheint die Tat hauptsächlich als Folge mangelhafter Erziehung oder ist sonst anzunehmen, daß Erziehungsmaßregeln erforderlich sind, um den Täter an ein gesetzmäßiges Leben zu gewöhnen, so kann das Gericht neben oder an Stelle einer Freiheitsstrafe seine Überweisung zur staatlich überwachten Erziehung anordnen. Die Art und Dauer der Erziehungsmaßregeln bestimmen sich nach den hierfür bestehenden Gesetzen, doch kann das Gericht die Unterbringung in eine Erziehungs- oder Besserungsanstalt vorschreiben.

§ 70. (Neu.)

Die Freiheitsstrafen gegen Jugendliche sind in besonderen, für sie ausschließlich bestimmten Anstalten oder Abteilungen zu vollstrecken. Dabei sind die voll zurechnungsfähigen Jugendlichen von vermindert zurechnungsfähigen vollständig abzusondern.

Freiheitsstrafen gegen vermindert zurechnungsfähige Jugendliche können auch in staatlich überwachten Erziehungs-, Heil- oder Pflegeanstalten vollzogen werden.

5. Abschnitt.

Strafantrag.

§ 71. (§ 61.)

Frist.

Macht das Gesetz die Verfolgung einer strafbaren Handlung von einem Antrag abhängig, so findet die Verfolgung nur statt, wenn der Antrag von dem Berechtigten binnen drei Monaten gestellt wird. Diese Frist beginnt mit dem Tage, seit welchem der zum Antrage Berechtigte von der Handlung und von der Person des Täters Kenntnis gehabt hat.

(§ 65.) Person des Berechtigten.

§ 72.

Soweit das Gesetz nichts anderes bestimmt, ist zur Stellung des Antrags der durch die strafbare Handlung Verletzte berechtigt.

Ist der Verletzte geschäftsunfähig, so ist sein gesetzlicher Vertreter zur Stellung des Antrags berechtigt. Das Gleiche gilt in bezug auf den minderjährigen Verletzten, doch hat dieser, wenn er das achtzehnte Lebensjahr vollendet hat, auch selbständig das Recht, den Antrag zu stellen.

Das Recht, den Strafantrag zu stellen, geht auf den hinterbliebenen Ehegatten, die Kinder und in Ermangelung dieser Personen auf die übrigen Verwandten gerader Linie, sowie die Geschwister des Verletzten über.

(§ 63.) Unteilbarkeit.

§ 73.

Die Strafverfolgung findet gegen sämtliche an der Tat Beteiligte statt, auch wenn nur gegen einen von ihnen der Antrag gestellt ist.

(§ 64.) Zurücknahme.

§ 74.

Der Antrag kann nur in den im Gesetze besonders vorgesehenen Fällen und nur bis zur Verkündung eines auf Strafe lautenden Urteils zurückgenommen werden.

Die Zurücknahme des Antrags gegen einen der an der Tat Beteiligten hat die Einstellung auch gegen die anderen zur Folge.

6. Abschnitt.

Versuch.

(§ 43.) Begriff.

§ 75.

Wer die Ausführung eines Verbrechens oder vorsätzlichen Vergehens begonnen hat, ist, wenn dieses nicht vollendet worden ist, wegen Versuchs zu bestrafen.

Der Versuch eines Vergehens wird jedoch nur in den im Gesetz besonders bestimmten Fällen bestraft.

(§ 44.) Bestrafung.

§ 76.

Der Versuch ist milder zu bestrafen als die vollendete Tat.

Ist diese mit dem Tode bedroht, so tritt lebenslängliches Zuchthaus oder zeitige Zuchthausstrafe nicht unter drei Jahren, und ist sie mit lebenslänglicher Freiheitsstrafe bedroht, so tritt Freiheitsstrafe derselben Art nicht unter drei Jahren ein.

In den übrigen Fällen kann die Strafe unter das für die vollendete strafbare Handlung angedrohte Mindestmaß herabgesetzt, auch kann auf eine mildere Art der Freiheitsstrafe erkannt und in besonders leichten Fällen (§ 83) von Strafe überhaupt abgesehen werden.

Auf Nebenstrafen und sichernde Maßnahmen kann auch neben der Versuchsstrafe erkannt werden.

(§ 46.) Freiwilliger Rücktritt und tätige Reue.

§ 77.

Die Strafbarkeit des Versuchs fällt weg, wenn der Täter freiwillig die Ausführung aufgegeben oder den Eintritt des zur Vollendung gehörigen Erfolges abgewendet hat.

7. Abschnitt.

Teilnahme.

§ 78. (§ 48.) Anstiftung.

Wer den Täter zu der von ihm begangenen strafbaren Handlung vorsätzlich bestimmt hat, wird als Anstifter gleich dem Täter bestraft.

§ 79. (§ 49.) Beihilfe.

Wer dem Täter zu dem von ihm begangenen Verbrechen oder Vergehen vorsätzlich Hilfe geleistet hat, wird nach den Vorschriften über den Versuch (§ 76) bestraft.

§ 80. (§ 50.) Einwirkung persönlicher Eigenschaften usw.

Persönliche Eigenschaften oder Verhältnisse, welche die Strafbarkeit erhöhen, vermindern oder ausschließen, werden nur hinsichtlich desjenigen berücksichtigt, bei dem sie vorliegen.

8. Abschnitt.

Strafbemessung.

§ 81. (Neu.) Strafbemessung.

Bei Bemessung der Strafe innerhalb der vom Gesetz vorgeschriebenen Grenzen sind alle für eine höhere oder geringere Strafe sprechenden Umstände zu berücksichtigen, insbesondere die in der Tat hervortretende verbrecherische Gesinnung, die Beweggründe des Täters, der von ihm verfolgte Zweck, der zur Tat gegebene Anreiz, die persönlichen und wirtschaftlichen Verhältnisse des Täters, der Grad seiner Einsicht, die Folgen der Tat und das Verhalten des Täters nach dieser, namentlich die bewiesene Reue und das bewiesene Streben, die Folgen wieder gut zu machen.

§ 82. (Neu.) Mildernde Umstände.

Soweit mildernde Umstände auf die Bestimmung der Art oder der gesetzlichen Grenzen der Strafe von Einfluß sind, ist dies im Gesetz ausdrücklich vorgesehen.

Mildernde Umstände liegen vor, wenn die für Milderung der Strafe sprechenden Gründe überwiegen.

§ 83. (Neu.) Besonders leichte Fälle.

In besonders leichten Fällen darf das Gericht die Strafe nach freiem Ermessen mildern und, wo dies ausdrücklich zugelassen ist, von einer Strafe überhaupt absehen.

Ein besonders leichter Fall liegt vor, wenn die rechtswidrigen Folgen der Tat unbedeutend sind und der verbrecherische Wille des Täters nur gering und nach den Umständen entschuldbar erscheint, so daß die Anwendung der ordentlichen Strafe des Gesetzes eine unbillige Härte enthalten würde.

(Neu.)
Besonders schwere Fälle.

§ 84.

Soweit besonders schwere Fälle auf die Bestimmung der Art oder der gesetzlichen Grenzen der Strafe von Einfluß sind, ist dies im Gesetz ausdrücklich vorgesehen.

Ein besonders schwerer Fall liegt vor, wenn die rechtswidrigen Folgen der Tat ungewöhnlich bedeutend sind und der verbrecherische Wille des Täters ungewöhnlich stark und verwerflich erscheint.

(§ 20.)
Wahl zwischen Zuchthaus und anderen Freiheitsstrafen.

§ 85.

Wo das Gesetz die Wahl zwischen Zuchthaus und einer anderen Freiheitsstrafe gestattet, darf auf Zuchthaus nur dann erkannt werden, wenn festgestellt wird, daß die Tat aus ehrloser Gesinnung hervorgegangen ist.

(§ 60.)
Anrechnung der Untersuchungshaft.

§ 86.

Auf die erkannte Strafe ist im Urteile die erlittene Untersuchungshaft unverkürzt anzurechnen, soweit sie der Verurteilte nicht, abgesehen von der begangenen Tat, durch eigenes grobes Verschulden sich zugezogen hat. Auch in diesem Falle kann ausnahmsweise die Anrechnung ganz oder teilweise erfolgen, wenn besondere Billigkeitsgründe dafür sprechen.

(Neu.)
Rückfall.

§ 87.

Wer wegen eines Verbrechens oder eines vorsätzlichen Vergehens Freiheitsstrafe erlitten hat und binnen fünf Jahren wiederum ein Verbrechen oder ein vorsätzliches Vergehen begeht, wegen dessen er Freiheitsstrafe verwirkt hat, befindet sich im Rückfalle.

(Neu.)

§ 88.

Für die Bestrafung des Rückfalls gelten, soweit das Gesetz nichts anderes bestimmt, folgende Vorschriften:

Die Strafe ist innerhalb der gesetzlichen Grenzen angemessen zu erhöhen.

Im dritten und ferneren Rückfalle beträgt die Strafe mindestens ein Viertel und höchstens das Doppelte der angedrohten höchsten Strafe, doch darf der gesetzliche Höchstbetrag der zur Anwendung kommenden Strafart nicht überschritten werden. Von mehreren angedrohten Strafarten ist die schwerste zu wählen.

Liegen besondere Umstände vor, welche die im Abs. 3 vorgesehene Mindeststrafe zu hart erscheinen lassen, so kann die Strafe milder bestimmt werden, sie soll aber die gesetzliche Mindeststrafe erheblich übersteigen.

(Neu.)
Gewerbs- und gewohnheitsmäßige Verbrecher.

§ 89.

Begeht jemand, der schon vielfach, mindestens aber fünfmal, wegen Verbrechen oder vorsätzlicher Vergehen mit erheblichen Freiheitsstrafen, darunter mindestens einmal mit Zuchthaus, bestraft ist und die letzte Strafe vor nicht länger als drei Jahren verbüßt hat, aufs neue ein Verbrechen oder vorsätzliches Vergehen, das ihn in Verbindung mit seinen Vorstrafen als gewerbs- oder gewohnheitsmäßigen Verbrecher erscheinen läßt, so ist, wenn die neue Tat ein Verbrechen ist, auf Zuchthaus nicht unter fünf Jahren und, wenn sie ein Vergehen ist, auf Zuchthaus von zwei bis zu zehn Jahren zu erkennen.

Ausländische Vorstrafen kommen hierbei mit der Maßgabe in Betracht, daß der Zuchthausstrafe diejenige in dem fremden Staate gesetzlich bestehende Freiheitsstrafe gleichgeachtet wird, die ihrer Art nach der Zuchthausstrafe am meisten entspricht; doch muß ihre Dauer wenigstens ein Jahr betragen.

Die auf Grund dieses Paragraphen Verurteilten werden in besonderen, für sie ausschließlich bestimmten Strafanstalten verwahrt. Die Vorschrift des § 22 findet auf sie keine Anwendung.

9. Abschnitt.

Zusammentreffen mehrerer Strafgesetze und mehrerer strafbarer Handlungen.

§ 90.

(§ 78.) Zusammentreffen mehrerer Strafgesetze.

Verletzt eine Handlung mehrere Strafgesetze, so ist die Strafe aus dem Gesetze zu bestimmen, das die schwerste Strafe, bei ungleichen Strafarten die schwerste Strafart androht. Nebenstrafen und sichernde Maßnahmen sind hierbei nicht zu berücksichtigen. Auf sie muß oder kann erkannt werden, wenn sie in einem der verletzten Gesetze vorgeschrieben oder zugelassen sind.

§ 91.[1])

(§§ 74 bis 79.) Zusammentreffen mehrerer strafbarer Handlungen.

Hat jemand durch mehrere strafbare Handlungen mehrere zeitige Freiheitsstrafen verwirkt, so ist gegen ihn auf eine Gesamtstrafe zu erkennen, die in einer Erhöhung der verwirkten schwersten Strafe besteht.

Zuchthausstrafe ist ohne Rücksicht auf die Dauer als die schwerste Strafe anzusehen. Trifft nur Gefängnis mit Haft zusammen, so ist unter Berücksichtigung des im § 25 vorgeschriebenen Maßstabs die längere Dauer, bei gleicher Dauer die schwerere Strafart entscheidend.

Das Maß der Gesamtstrafe darf den Betrag der verwirkten Einzelstrafen nicht erreichen und fünfzehn Jahre nicht übersteigen.

In bezug auf Nebenstrafen und sichernde Maßnahmen findet die Vorschrift des § 90 Schlußsatz entsprechende Anwendung.

§ 92.

Auf Geldstrafen, die wegen mehrerer strafbarer Handlungen verwirkt sind, ist ihrem vollen Betrage nach zu erkennen.

Bei Umwandlung mehrerer Geldstrafen ist der Höchstbetrag der an ihre Stelle tretenden Freiheitsstrafen zwei Jahre und, wenn die Geldstrafen nur wegen Übertretungen erkannt sind, sechs Monate.

---

[1]) Hierbei ist eine Bestimmung im Einführungsgesetz etwa folgenden Inhalts vorausgesetzt: „Die Vorschriften über Bildung einer Gesamtstrafe (§ 91) finden auf Übertretungsstrafen, welche durch eine polizeiliche Strafverfügung festgesetzt sind, mit der Maßgabe Anwendung, daß, wenn eine gerichtliche Bestrafung mit in Betracht kommt, die Polizeibehörde sich der Bildung der Gesamtstrafe zu enthalten und die Sache an das Gericht abzugeben hat."

§ 93.

Die Vorschriften der §§ 91, 92 finden auch Anwendung, wenn, bevor eine erkannte Strafe verbüßt, verjährt oder erlassen ist, die Verurteilung wegen einer strafbaren Handlung erfolgt, die vor der früheren Verurteilung begangen war.

10. Abschnitt.

Verjährung.

(§§ 66, 67.)
Verjährung der strafbaren Handlungen.

§ 94.

Verbrechen verjähren:

1. in zwanzig Jahren, wenn sie mit dem Tode oder mit lebenslänglichem Zuchthaus,
2. in fünfzehn Jahren, wenn sie mit einer anderen lebenslänglichen Freiheitsstrafe oder mit einer zeitigen Freiheitsstrafe von mehr als zehnjähriger Dauer,
3. in zehn Jahren, wenn sie mit einer geringeren Strafe

bedroht sind.

Vergehen verjähren:

1. in fünf Jahren, wenn sie mit Freiheitsstrafe von mehr als einjähriger Dauer,
2. in drei Jahren, wenn sie mit geringerer Strafe

bedroht sind.

Übertretungen verjähren in sechs Monaten.

(§§ 67, 68.)
Beginn und Unterbrechung.

§ 95.

Die Verjährung beginnt mit dem Tage, an dem die strafbare Handlung begangen ist.

Sie wird unterbrochen durch jede Handlung des Richters, die wegen der begangenen Tat gegen den Täter gerichtet ist, und zwar nur rücksichtlich desjenigen, auf welchen die Handlung sich bezieht.

Mit jeder Unterbrechung beginnt eine neue Verjährung, die jedoch spätestens mit Ablauf der doppelten ursprünglichen Verjährungsfrist endet.

(§ 69.)
Ruhen der Verjährung.

§ 96.

Die Verjährung ruht während der Zeit, in der auf Grund gesetzlicher Vorschrift die Strafverfolgung nicht begonnen oder nicht fortgesetzt werden kann, ferner, solange gegen den Täter das Hauptverfahren schwebt, jedoch bei Verbrechen und bei Vergehen nicht über zwei Jahre, bei Übertretungen nicht über ein Jahr.

Ist zur Strafverfolgung ein Antrag oder eine Ermächtigung erforderlich, so wird der Lauf der Verjährung durch den Mangel des Antrags oder der Ermächtigung nicht gehindert.

(§ 70.)
Verjährung rechtskräftig erkannter Strafen.

§ 97.

Rechtskräftig erkannte Strafen verjähren:

1. in dreißig Jahren, wenn auf Tod oder auf lebenslängliche Freiheitsstrafe,
2. in zwanzig Jahren, wenn auf Freiheitsstrafe von mehr als zehn Jahren,

3. in fünfzehn Jahren, wenn auf Zuchthaus bis zu zehn Jahren oder auf eine andere Freiheitsstrafe von mehr als fünf bis zu zehn Jahren,
4. in zehn Jahren, wenn auf Gefängnis oder Haft von mehr als zwei bis zu fünf Jahren oder auf Geldstrafe von mehr als fünftausend Mark,
5. in fünf Jahren, wenn auf Gefängnis oder Haft von mehr als drei Monaten bis zu zwei Jahren oder auf Geldstrafe von mehr als dreihundert bis zu fünftausend Mark,
6. in zwei Jahren, wenn auf eine geringere Strafe

erkannt ist.

Die übrigen in diesem Gesetze vorgesehenen Freiheitsentziehungen (§§ 42, 43, 65 und 310) verjähren in drei Jahren.

§ 98.

(§§ 70 bis 72.)
Beginn und Unterbrechung.

Die Verjährung beginnt mit dem Tage, an dem das Urteil rechtskräftig geworden ist.

Sie wird unterbrochen durch jede auf Vollstreckung gerichtete Handlung derjenigen Behörde, welcher die Vollstreckung obliegt.

Mit jeder Unterbrechung beginnt eine neue Verjährung, die jedoch spätestens mit Ablauf der doppelten ursprünglichen Verjährungsfrist endet.

Ist wegen derselben Handlung neben einer Freiheitsstrafe auf eine Geldstrafe erkannt, so verjährt die Vollstreckung der einen Strafe nicht früher als die der anderen.

§ 99.

(Neu.)
Ruhen der Verjährung.

Die Verjährung ruht, solange die Vollstreckung gemäß den §§ 31 und 38 bis 41 nicht stattfinden kann, ferner, solange eine Freiheitsstrafe oder eine der im § 97 Abs. 2 erwähnten Freiheitsentziehungen vollstreckt wird.

Besonderer Teil.

Erstes Buch.

Verbrechen und Vergehen gegen den Staat.

1. Abschnitt.

Hochverrat.

(§ 80 St.G.B.)
Hochverrat.

§ 100.

Ein Angriff auf das Leben des Kaisers oder eines anderen Bundesfürsten oder des Regenten eines Bundesstaats wird als Hochverrat mit dem Tode bestraft.

(§§ 81, 82.)

§ 101.

Wer versucht, durch Gewalt oder Drohung mit Gewalt

1. den Kaiser oder einen anderen Bundesfürsten oder den Regenten eines Bundesstaats der Herrschergewalt zu berauben oder an deren Ausübung zu hindern,
2. die Verfassung des Reichs oder eines Bundesstaats zu ändern,
3. dem Reiche oder einem Bundesstaat ein zu ihm gehörendes Gebiet zu entreißen,

wird wegen Hochverrats mit lebenslänglichem Zuchthaus oder lebenslänglicher Haft, bei mildernden Umständen mit Zuchthaus oder Haft nicht unter fünf Jahren bestraft.

(§§ 83 bis 86.)
Aufforderung und Vorbereitung zum Hochverrat.

§ 102.

Wer zur Begehung eines hochverräterischen Verbrechens (§§ 100, 101) öffentlich oder durch Verbreitung von Schriften, Abbildungen oder Darstellungen auffordert oder aufreizt, wird mit Zuchthaus bis zu zehn Jahren oder mit Haft von einem bis zu zehn Jahren, bei mildernden Umständen mit Haft von sechs Monaten bis zu fünf Jahren bestraft.

Dieselbe Strafe trifft denjenigen, welcher ein hochverräterisches Verbrechen mit einem anderen verabredet oder durch Unterhandlungen mit einer ausländischen Regierung vorbereitet.

Andere vorbereitende Handlungen zu einem hochverräterischen Verbrechen werden mit Zuchthaus bis zu drei Jahren oder mit Haft nicht unter drei Monaten bestraft.

§ 103.

In den Fällen der §§ 101, 102 kann neben der Haftstrafe auf den Verlust der bekleideten öffentlichen Ämter sowie der aus öffentlichen Wahlen hervorgegangenen Rechte erkannt werden.

2. Abschnitt.

Landesverrat.

§ 104. (§ 87.) Diplomatischer Landesverrat.

Wer mit einer ausländischen Regierung in Unterhandlung tritt, um einen Krieg gegen das Reich herbeizuführen, wird mit Zuchthaus nicht unter fünf Jahren, bei mildernden Umständen mit Haft nicht unter sechs Monaten bestraft. In besonders schweren Fällen (§ 84) ist die Strafe lebenslängliches Zuchthaus.

§ 105. (§ 88.) Kriegsverrat.

Ein Deutscher, der während eines Krieges gegen das Reich in der feindlichen Kriegsmacht dient oder die Waffen gegen das Reich oder dessen Bundesgenossen trägt, wird mit Zuchthaus bis zu zehn Jahren, bei mildernden Umständen mit Haft von sechs Monaten bis zu zehn Jahren bestraft. In besonders schweren Fällen (§ 84) ist die Strafe Zuchthaus nicht unter fünf Jahren oder lebenslängliches Zuchthaus.

§ 106. (§ 89.)

Wer vorsätzlich in Beziehung auf einen ausgebrochenen oder drohenden Krieg gegen das Reich der feindlichen Macht Vorschub leistet oder der Kriegsmacht des Reichs oder seiner Bundesgenossen Nachteil zufügt, wird mit Zuchthaus bis zu zehn Jahren, bei mildernden Umständen mit Haft von sechs Monaten bis zu zehn Jahren bestraft. In besonders schweren Fällen (§ 84) ist die Strafe Zuchthaus nicht unter fünf Jahren oder lebenslängliches Zuchthaus.

§ 107. (§ 329.) Nichterfüllung von Lieferungsverträgen.

Wer bei einem ausgebrochenen oder drohenden Kriege gegen das Reich einen Vertrag über Bedürfnisse der Kriegsmacht vorsätzlich nicht oder nicht in der vorbedungenen Weise erfüllt, wird mit Gefängnis nicht unter drei Monaten oder mit Geldstrafe von eintausend bis zu zwanzigtausend Mark, und, wenn aus der Vertragsverletzung ein erheblicher Nachteil für die Kriegsmacht entstanden ist, mit Gefängnis nicht unter einem Jahr oder mit Geldstrafe bis zu fünfzigtausend Mark bestraft.

Liegt der Nichterfüllung Fahrlässigkeit zu Grunde, so tritt Gefängnis oder Haft bis zu zwei Jahren oder Geldstrafe bis zu zehntausend Mark ein.

§ 108. (§ 92¹ St.G.B., R.G. 3./7. 1893 §§ 1, 2.) Geheimnisverrat.

Wer vorsätzlich und rechtswidrig Schriften, Zeichnungen oder andere Gegenstände, deren Geheimhaltung für das Wohl des Reichs oder eines Bundesstaats, insbesondere im Interesse der Landesverteidigung, erforderlich ist, oder Nachrichten solcher Art in den Besitz oder zur Kenntnis eines anderen gelangen läßt, wird mit Gefängnis oder mit Haft bestraft.

Der Versuch ist strafbar.

Weiß der Täter, daß durch die Handlung das Wohl, insbesondere die Sicherheit des Reichs oder eines Bundesstaats gefährdet wird, so ist die Strafe Zuchthaus nicht unter zwei Jahren, bei mildernden Umständen Haft von sechs Monaten bis zu fünf Jahren.

(R.G. 3./7. 1893 § 7.)

§ 109.

Wer aus Fahrlässigkeit Gegenstände oder Nachrichten der im § 108 bezeichneten Art, die ihm amtlich anvertraut oder kraft seines Amtes oder eines von amtlicher Seite erteilten Auftrags zugänglich sind, in einer das Wohl, insbesondere die Sicherheit des Reichs oder eines Bundesstaats gefährdenden Weise in den Besitz oder zur Kenntnis eines anderen gelangen läßt, wird mit Gefängnis bis zu drei Jahren oder mit Haft oder mit Geldstrafe bis zu dreitausend Mark bestraft.

(R.G. 3./7. 1893 §§ 3, 4.)

§ 110.

Wer vorsätzlich und rechtswidrig den Besitz oder die Kenntnis von Gegenständen oder Nachrichten der im § 108 bezeichneten Art sich verschafft, wird mit Gefängnis bis zu drei Jahren oder mit Haft, bei mildernden Umständen mit Geldstrafe bis zu fünftausend Mark bestraft.

Der Versuch ist strafbar.

Hat der Täter in der Absicht gehandelt, von den Gegenständen oder Nachrichten zu einer das Wohl, insbesondere die Sicherheit des Reichs oder eines Bundesstaats gefährdenden Mitteilung an andere Gebrauch zu machen, so ist die Strafe Zuchthaus bis zu zehn Jahren, bei mildernden Umständen Haft von drei Monaten bis zu fünf Jahren.

(R.G. 3./7. 1893 § 5.)

§ 111.

Haben mehrere ein Verbrechen der im § 108 Abs. 3, § 110 Abs. 3 bezeichneten Art verabredet, ohne daß es zur Ausführung oder zu einem strafbaren Versuche gekommen ist, so tritt Gefängnis nicht unter drei Monaten ein.

Straflos bleibt der an einer Verabredung der vorbezeichneten Art Beteiligte, wenn er von ihr zu einer Zeit, zu der die Behörde nicht schon anderweit davon unterrichtet ist, in einer Weise Anzeige macht, daß die Verhütung des Verbrechens möglich ist.

(Neu.)

§ 112.

Wer in einer Festung oder in einer anderen Befestigungsanlage des Heeres oder der Marine oder in der Umgebung von zehn Kilometern davon oder wer in einer sonstigen militärischen Anlage des Heeres oder der Marine oder auf einem Kriegsfahrzeug oder innerhalb der deutschen Hoheitsgewässer zu landesverräterischen Zwecken sich aufhält und einem zuständigen Beamten oder einer zuständigen Militärperson gegenüber eine unrichtige Angabe über seinen

Namen, seinen Stand, sein Gewerbe, seinen Wohnort oder seine Staatsangehörigkeit macht, wird mit Gefängnis oder Haft bis zu einem Jahr bestraft.

Dieselbe Strafe trifft denjenigen, der in den Fällen des Abs. 1 den über die polizeiliche Aufenthaltsmeldung erlassenen Vorschriften zuwiderhandelt.

§ 113.

(§ 92 2, 3 St.G.B.) Landesverräterische Beweisvernichtung und Untreue.

Wer vorsätzlich

1. Schriften oder andere Gegenstände, die für den Beweis von Rechten des Reichs oder eines Bundesstaats gegenüber einem anderen Staate von Bedeutung sind, verfälscht, vernichtet oder unterdrückt,
2. als Bevollmächtigter des Reichs oder eines Bundesstaats Staatsgeschäfte mit einer anderen Regierung zum Nachteile des Vollmachtgebers führt,

wird mit Zuchthaus, bei mildernden Umständen mit Haft nicht unter sechs Monaten bestraft.

§ 114.

In den Fällen der §§ 104 bis 106, 108 Abs. 3, 110 Abs. 3 kann neben der Haftstrafe, in den Fällen des § 111 Abs. 1 neben der Gefängnisstrafe, wenn die Strafe mindestens sechs Monate beträgt, auf den Verlust der bekleideten öffentlichen Ämter sowie der aus öffentlichen Wahlen hervorgegangenen Rechte erkannt werden.

In den Fällen des § 111 Abs. 1 findet die Vorschrift des § 53 Anwendung.

3. Abschnitt.

Verbrechen und Vergehen gegen die Unverletzlichkeit des Staatsoberhaupts.

§ 115.

(§§ 94, 96, 98, 100.) Tätlichkeiten.

Tätlichkeiten gegen den Kaiser oder einen anderen Bundesfürsten oder gegen den Regenten eines Bundesstaats werden mit Zuchthaus oder Haft nicht unter zwei Jahren, bei mildernden Umständen mit Haft von einem bis zu zehn Jahren bestraft.

Tätlichkeiten gegen Mitglieder eines bundesfürstlichen Hauses werden mit Zuchthaus bis zu fünf Jahren oder mit Haft von sechs Monaten bis zu fünf Jahren, bei mildernden Umständen mit Haft von einem Monat bis zu drei Jahren bestraft.

§ 116.

(R.G. 17./2. 1908.) Majestätsbeleidigung.

Wer den Kaiser, einen anderen Bundesfürsten oder den Regenten eines Bundesstaats in der Absicht der Ehrverletzung böswillig und mit Überlegung beleidigt, wird mit Gefängnis oder Haft nicht unter zwei Monaten, bei mildernden Umständen mit Gefängnis oder Haft von einer Woche bis zu zwei Jahren bestraft.

Die Verjährung vollendet sich in sechs Monaten.

Ist die Verfolgung nach Abs. 1 oder 2 ausgeschlossen, so finden die Vorschriften des 21. Abschnitts Anwendung.

(R.G. 17./2. 1908.)

§ 117.

Beleidigungen der im § 116 Abs. 1 bezeichneten Art gegen Mitglieder eines bundesfürstlichen Hauses werden mit Gefängnis oder Haft bis zu zwei Jahren bestraft.

Die Vorschriften des § 116 Abs. 2, 3 finden Anwendung.

4. Abschnitt.

Verbrechen und Vergehen in Beziehung auf die Ausübung staatsbürgerlicher Rechte.

(§§ 105, 106.)
Hinderung gesetzgebender Versammlungen oder ihrer Mitglieder.

§ 118.

Wer versucht, eine gesetzgebende Versammlung des Reichs oder eines Bundesstaats oder Mitglieder einer solchen Versammlung durch Gewalt oder Drohung mit Gewalt an der freien Ausübung ihrer Befugnisse zu hindern, wird mit Zuchthaus bis zu zehn Jahren oder mit Haft von einem bis zu zehn Jahren, bei mildernden Umständen mit Haft von einem Monat bis zu fünf Jahren bestraft.

(§ 107.)
Hinderung Wahlberechtigter.

§ 119.

Wer versucht, einen zur Wahl für eine gesetzgebende Versammlung oder eine andere politische Körperschaft Berechtigten durch Gewalt oder Drohung mit Gewalt an der freien Ausübung des Wahlrechts zu hindern, wird mit Gefängnis oder mit Haft bestraft.

(§ 108.)
Wahlfälschung.

§ 120.

Wer bei der Wahl ein unrichtiges Ergebnis der Wahlhandlung vorsätzlich herbeiführt oder das Ergebnis verfälscht, wird mit Gefängnis oder Haft bis zu zwei Jahren und, wenn er bei der Abhaltung des Wahlgeschäfts mitzuwirken hatte, mit Gefängnis oder Haft von einer Woche bis zu drei Jahren bestraft. Auch kann auf Verlust der bürgerlichen Ehrenrechte (§ 45) erkannt werden.

Der Versuch ist strafbar.

(§ 109.)
Wahlbestechung.

§ 121.

Wer einem Wahlberechtigten Geschenke oder andere ihm nicht gebührende Vorteile gewährt oder verspricht als Entgelt dafür, daß er bei der Wahl sein Wahlrecht nicht oder in bestimmter Weise ausübe, wird mit Gefängnis oder Haft bis zu zwei Jahren oder mit Geldstrafe bis zu fünftausend Mark bestraft. Auch kann auf Verlust der bürgerlichen Ehrenrechte (§ 45) erkannt werden.

Dieselbe Strafe trifft den Wahlberechtigten, der Geschenke oder andere ihm nicht gebührende Vorteile annimmt oder sich versprechen läßt als Entgelt dafür, daß er sein Wahlrecht nicht oder in bestimmter Weise ausübe.

(Neu.)
Wahlstörung.

§ 122.

Wer böswillig die Wahlhandlung zu verhindern oder zu vereiteln versucht oder durch Erregung von Lärm oder Unordnung oder auf ähnliche Weise stört, wird mit Haft oder Gefängnis bis zu einem Jahr oder mit Geldstrafe bis zu zweitausend Mark bestraft.

5. Abschnitt.

Verbrechen und Vergehen gegen ausländische Staaten.

§ 123.

(§§ 102, 103.) Hochverräterische Handlungen.

Hochverräterische Handlungen gegen einen ausländischen Staat sowie Tätlichkeiten oder Beleidigungen gegen dessen Oberhaupt werden, sofern dem Reiche die Gegenseitigkeit verbürgt ist, mit Gefängnis oder mit Haft bestraft.

Die Verfolgung tritt nur auf Antrag der auswärtigen Regierung ein. Der Antrag kann zurückgenommen werden.

§ 124.

(§ 104.) Beleidigung von Gesandten oder Geschäftsträgern.

Die Beleidigung eines bei dem Reiche oder einem Bundesstaate beglaubigten Gesandten oder Geschäftsträgers wird mit Gefängnis oder Haft bis zu einem Jahr bestraft.

Die Verfolgung tritt nur auf Antrag des Beleidigten ein. Der Antrag kann zurückgenommen werden.

§ 125.

(§ 103 a.) Angriffe gegen Hoheitszeichen.

Wer ein öffentlich angebrachtes Hoheitszeichen eines ausländischen Staates böswillig beseitigt, beschädigt, unkenntlich macht oder wer beschimpfenden Unfug daran verübt, wird mit Geldstrafe bis zu eintausend Mark oder mit Haft oder Gefängnis bis zu einem Jahr bestraft.

6. Abschnitt.

Widerstand gegen die Staatsgewalt.

§ 126.

(§§ 113, 114, 117, 118, 119.) Widerstand.

Wer versucht, eine Behörde oder einen Beamten durch Gewalt oder Drohung mit Gewalt zu einer Amtshandlung zu nötigen oder an der Vornahme einer rechtmäßigen Amtshandlung zu hindern, oder wer einen zur Vornahme von Vollstreckungen oder zum Forst-, Jagd- oder Fischereischutz berufenen Beamten oder eine zu deren Unterstützung zugezogene Person während der rechtmäßigen Ausübung des Amtes tätlich angreift, wird mit Gefängnis, bei mildernden Umständen mit Haft bis zu zwei Jahren oder mit Geldstrafe bis zu dreitausend Mark bestraft. Diese Strafvorschrift findet entsprechende Anwendung, wenn die Handlung gegen Mannschaften der bewaffneten Macht oder einer zur Aufrechterhaltung der öffentlichen Ordnung oder Sicherheit obrigkeitlich bestellten Wehr begangen wird.

Dieselbe Strafe trifft denjenigen, welcher einen Waldeigentümer, einen Forst-, Jagd- oder Fischereiberechtigten oder einen von ihnen bestellten Aufseher an der Ausübung des Forst-, Jagd- oder Fischereischutzes durch Gewalt oder Drohung mit Gewalt zu hindern versucht oder während dieser Ausübung tätlich angreift.

Ist der Beamte oder eine der in Abs. 1, 2 sonst genannten Personen durch die Handlung in schwere persönliche Gefahr geraten oder erheblich körperlich verletzt worden, so ist die Strafe Gefängnis nicht unter drei Monaten, in besonders schweren Fällen (§ 84) Zuchthaus bis zu fünf Jahren.

(§ 115.) Aufruhr.

§ 127.

Wer sich an der öffentlichen Zusammenrottung einer Menschenmenge beteiligt, die mit vereinten Kräften eine nach § 126 strafbare Handlung begeht, wird mit Gefängnis nicht unter drei Monaten bestraft.

Die Rädelsführer sowie diejenigen, welche sich der Anwendung von Gewalt oder Drohung mit Gewalt oder eines tätlichen Angriffs schuldig gemacht haben, trifft Zuchthaus bis zu fünf Jahren, bei mildernden Umständen Gefängnis nicht unter sechs Monaten und, wenn ein Fall des § 126 Abs. 3 vorliegt, Zuchthaus bis zu zehn Jahren, bei mildernden Umständen Gefängnis nicht unter einem Jahr.

(§ 116.) Auflauf.

§ 128.

Wird eine öffentlich versammelte Menschenmenge von dem zuständigen Beamten oder militärischen Befehlshaber aufgefordert, auseinanderzugehen, so wird jeder der Versammelten, der nach der dritten Aufforderung sich nicht aus der Menge entfernt, mit Gefängnis oder Haft bis zu sechs Monaten oder mit Geldstrafe bis zu eintausend Mark bestraft.

(§§ 120, 121, 347.) Gefangenbefreiung.

§ 129.

Wer vorsätzlich einen Gefangenen befreit oder dessen Befreiung oder Entweichen befördert, wird mit Gefängnis oder Haft bis zu zwei Jahren bestraft.

Der Versuch ist strafbar.

Hatte der Täter bei der Bewachung des Gefangenen mitzuwirken, so ist die Strafe Gefängnis nicht unter einer Woche und, wenn die Handlung nur aus Fahrlässigkeit begangen worden ist, Haft bis zu drei Monaten oder Geldstrafe bis zu fünfhundert Mark.

(§ 122.) Meuterei.

§ 130.

Gefangene, die mit vereinten Kräften auszubrechen versuchen oder die Anstaltsbeamten oder die mit der Beaufsichtigung Beauftragten tätlich angreifen, ihnen Widerstand leisten oder sie zu Handlungen oder Unterlassungen zu nötigen versuchen, werden mit Gefängnis nicht unter drei Monaten bestraft.

Diejenigen Gefangenen, welche Gewalttätigkeiten gegen die bezeichneten Personen begangen haben, trifft Zuchthaus bis zu fünf Jahren. Waren die Gewalttätigkeiten nur geringfügig oder sind mildernde Umstände vorhanden, so tritt Gefängnisstrafe nicht unter sechs Monaten ein.

7. Abschnitt.

Verbrechen und Vergehen gegen die öffentliche Ordnung.

(§§ 110, 111.) Aufwiegelung.

§ 131.

Wer die gesetzliche Ordnung dadurch gefährdet, daß er öffentlich oder durch Verbreitung von Schriften, Abbildungen oder Darstellungen zur Begehung von Verbrechen oder Vergehen oder zur Auflehnung gegen Gesetze oder rechtsgültige Verordnungen oder gegen die von der Obrigkeit innerhalb ihrer Zuständigkeit getroffenen Anordnungen auffordert oder aufreizt oder begangene Verbrechen verherrlicht, wird mit Gefängnis oder Haft bis zu zwei Jahren oder mit Geldstrafe bis zu zweitausend Mark bestraft.

§ 132.

(§ 49a.) Aufforderung zum Verbrechen.

Wer jemanden zur Begehung eines Verbrechens auffordert oder sich jemandem dazu erbietet, oder wer eine solche Aufforderung oder ein solches Erbieten annimmt, wird, soweit nicht das Gesetz eine andere Strafe androht, mit Gefängnis oder Haft bis zu zwei Jahren, bei mildernden Umständen mit Geldstrafe bis zu zweitausend Mark bestraft.

Die Strafbarkeit fällt weg, wenn der Täter die Aufforderung, das Erbieten oder die Annahme freiwillig zurückgenommen hat.

§ 133.

(§ 125.) Landfriedensbruch.

Wer sich an der öffentlichen Zusammenrottung einer Menschenmenge beteiligt, die mit vereinten Kräften Gewalttätigkeiten gegen Personen oder Sachen begeht, wird mit Gefängnis nicht unter einem Monat bestraft.

Die Rädelsführer sowie diejenigen, welche Gewalttätigkeiten begangen haben, trifft Zuchthaus bis zu fünf Jahren. Waren die Gewalttätigkeiten nur geringfügig oder sind mildernde Umstände vorhanden, so ist die Strafe Gefängnis nicht unter drei Monaten.

§ 134.

(§ 126.) Landzwang.

Wer durch gemeingefährliche Drohung, insbesondere mit Mord, Raub oder Brand, den öffentlichen Frieden stört, wird mit Gefängnis bis zu zwei Jahren bestraft.

§ 135.

(§ 127.) Bildung eines bewaffneten Haufens.

Wer unbefugt einen bewaffneten Haufen bildet, ausrüstet oder befehligt, oder wer sich einem solchen Haufen anschließt, wird mit Gefängnis oder Haft bis zu einem Jahr bestraft.

§ 136.

(§§ 128, 129.) Vereinsvergehen.

Die Teilnahme an einem Verein, dessen Zwecke den Strafgesetzen zuwiderlaufen, wird mit Gefängnis oder Haft bis zu einem Jahr oder mit Geldstrafe bis zu zweitausend Mark und, wenn die Zwecke in der Begehung oder Förderung von Verbrechen bestehen, mit Gefängnis nicht unter drei Monaten bestraft.

§ 137.

(§ 130.) Aufreizung von Bevölkerungsklassen gegeneinander.

Wer in einer den öffentlichen Frieden gefährdenden Weise verschiedene Klassen der Bevölkerung zu Gewalttätigkeiten gegeneinander öffentlich aufreizt, wird mit Geldstrafe bis zu zweitausend Mark oder mit Haft oder Gefängnis bis zu zwei Jahren bestraft.

(§ 131.)
Staatsverleumdung.

§ 138.

Wer öffentlich wider besseres Wissen unwahre Tatsachen behauptet oder verbreitet, um dadurch Staatseinrichtungen oder Anordnungen der Obrigkeit verächtlich zu machen, wird mit Geldstrafe bis zu zweitausend Mark oder mit Haft oder Gefängnis bis zu zwei Jahren bestraft.

(§ 132.)
Amtsanmaßung.

§ 139.

Wer unbefugt sich mit Ausübung eines öffentlichen Amtes befaßt oder eine Handlung vornimmt, die nur kraft eines öffentlichen Amtes vorgenommen werden darf, wird mit Gefängnis oder Haft bis zu einem Jahr oder mit Geldstrafe bis zu eintausend Mark bestraft.

(§ 133.)
Bruch amtlicher Verwahrung.

§ 140.

Wer Schriftstücke oder andere Sachen, die amtlich in Verwahrung genommen oder einem Dritten in Verwahrung gegeben sind, vorsätzlich zerstört, beschädigt oder in anderer Weise der amtlichen Verfügung entzieht, wird mit Gefängnis oder Haft bis zu zwei Jahren oder mit Geldstrafe bis zu dreitausend Mark und, wenn die Handlung auf Gewinnsucht beruht, mit Gefängnis nicht unter einem Monat bestraft.

(§ 136.)
Amtssiegelbruch.

§ 141.

Wer ein amtliches Siegel, das von einem Beamten angelegt ist, um amtlich Sachen zu verschließen, in Beschlag zu nehmen oder zu bezeichnen, vorsätzlich ablöst oder beschädigt oder den durch ein solches Siegel bewirkten amtlichen Verschluß auf andere Weise aufhebt oder unwirksam macht, wird mit Gefängnis oder Haft bis zu sechs Monaten oder mit Geldstrafe bis zu eintausend Mark bestraft.

(§ 137.)
Pfandbruch.

§ 142.

Wer Sachen, die amtlich gepfändet oder sonst in Beschlag genommen sind, vorsätzlich zerstört, beiseite schafft oder in anderer Weise der Verstrickung entzieht, wird mit Haft oder Gefängnis bis zu einem Jahr oder mit Geldstrafe bis zu eintausend Mark bestraft.

(§ 134.)
Verletzung amtlicher Bekanntmachungen.

§ 143.

Wer öffentlich angeschlagene oder ausgelegte amtliche Bekanntmachungen böswillig beseitigt, beschädigt oder unkenntlich macht, wird mit Geldstrafe bis zu eintausend Mark oder mit Haft oder Gefängnis bis zu sechs Monaten bestraft.

(§ 135.)
Verletzung von Hoheitszeichen.

§ 144.

Wer ein öffentlich angebrachtes Hoheitszeichen des Reichs, eines Bundesstaats, des Kaisers oder eines anderen Bundesfürsten böswillig beseitigt, beschädigt, unkenntlich macht, oder wer beschimpfenden Unfug daran verübt, wird mit Geldstrafe bis zu eintausend Mark oder mit Haft oder Gefängnis bis zu einem Jahr bestraft.

§ 145.

(§ 144.) Auswanderungsbetrug.

Wer in gewinnsüchtiger Absicht einen Deutschen durch arglistige Täuschung zur Auswanderung verleitet, wird mit Geldstrafe bis zu dreitausend Mark oder mit Haft oder Gefängnis bis zu zwei Jahren bestraft.

§ 146.

(§ 360 13.) Tierquälerei.

Wer Tiere boshaft quält oder roh mißhandelt, wird mit Gefängnis oder Haft bis zu sechs Monaten oder mit Geldstrafe bis zu eintausend Mark bestraft.

§ 147.

(§ 145 a.) Unerlaubte Ausgabe von Inhaberpapieren.

Wer im Inland ausgestellte Schuldverschreibungen auf den Inhaber, in denen die Zahlung einer bestimmten Geldsumme versprochen wird, im Inland ohne die erforderliche staatliche Genehmigung in den Verkehr bringt, wird mit einer Geldstrafe bestraft, die dem fünften Teile des Nennwerts der ausgegebenen Schuldverschreibungen gleichkommen kann, mindestens aber fünfhundert Mark beträgt.

Zweites Buch.

Verbrechen und Vergehen gegen Einrichtungen des Staates.

8. Abschnitt.

Vergehen gegen die Wehrpflicht, das Heer und die Marine.

§ 148.

(§ 112.) Aufreizung von Heeresangehörigen.

Wer eine Person des Soldatenstandes auffordert oder aufreizt, dem Befehle des Vorgesetzten nicht Gehorsam zu leisten, wer insbesondere eine Person des Beurlaubtenstandes auffordert oder aufreizt, der Einberufung zum Dienste nicht zu folgen, wird mit Gefängnis oder Haft bis zu zwei Jahren bestraft.

§ 149.

(§ 140.) Verletzung der Wehrpflicht.

Wegen Verletzung der Wehrpflicht wird bestraft:

1. ein Wehrpflichtiger, der in der Absicht, sich dem Eintritt in den Dienst des stehenden Heeres oder der Flotte zu entziehen, ohne Erlaubnis das Reichsgebiet verläßt oder nach erreichtem militärpflichtigen Alter sich außerhalb des Reichsgebiets aufhält, mit Geldstrafe von einhundertfünfzig bis zu dreitausend Mark oder mit Haft oder Gefängnis von einem Monat bis zu einem Jahr;
2. eine im Offizierrange stehende Person des Beurlaubtenstandes, die ohne Erlaubnis auswandert, mit Geldstrafe bis zu dreitausend Mark oder mit Haft oder Gefängnis bis zu sechs Monaten;
3. ein Wehrpflichtiger, der nach öffentlicher Bekanntmachung einer vom Kaiser für die Zeit eines Krieges oder einer

Kriegsgefahr erlassenen besonderen Anordnung im Widerspruche damit auswandert, mit Gefängnis oder Haft bis zu zwei Jahren; daneben kann auf Geldstrafe bis zu dreitausend Mark erkannt werden.

Der Versuch ist strafbar.

(§ 141.)
Teilnahme an Fahnenflucht.

§ 150.

Wer einen deutschen Soldaten zur Fahnenflucht anstiftet oder ihm zur Fahnenflucht vorsätzlich Hilfe leistet, wird mit Gefängnis oder Haft von drei Monaten bis zu zwei Jahren und, wenn die Fahnenflucht oder deren Versuch im Felde begangen ist, mit Gefängnis nicht unter einem Jahr bestraft.

Der Versuch ist strafbar.

(§ 142.)
Selbstverstümmelung.

§ 151.

Wer sich vorsätzlich durch Selbstverstümmelung oder auf andere Weise zur Erfüllung der Wehrpflicht untauglich macht oder durch einen anderen untauglich machen läßt, wird mit Gefängnis oder Haft nicht unter einem Jahr bestraft. Dieselbe Strafe trifft denjenigen, welcher einen anderen mit dessen Zustimmung zur Erfüllung der Wehrpflicht untauglich macht. Auch kann auf Verlust der bürgerlichen Ehrenrechte (§ 45) erkannt werden.

Der Versuch ist strafbar.

(§ 143.)
Wehrpflichtbetrug.

§ 152.

Wer in der Absicht, sich der Erfüllung der Wehrpflicht ganz oder teilweise zu entziehen, auf Täuschung berechnete Mittel anwendet, wird mit Gefängnis oder mit Haft bestraft. Auch kann auf Verlust der bürgerlichen Ehrenrechte (§ 45) erkannt werden.

Dieselbe Strafvorschrift findet auf den Teilnehmer Anwendung.

(§ 141.)
Falschwerbung.

§ 153.

Wer einen Deutschen zum Militärdienst einer ausländischen Macht anwirbt oder deren Werbern zuführt, wird mit Gefängnis oder Haft von drei Monaten bis zu drei Jahren bestraft.

Der Versuch ist strafbar.

(§ 291.)
Munitionsentwendung.

§ 154.

Wer die bei den Übungen der Artillerie verschossene Munition, oder wer Bleikugeln aus den Kugelfängen der Schießstände der Truppen sich widerrechtlich zueignet, wird mit Gefängnis oder Haft bis zu einem Jahr oder mit Geldstrafe bis zu eintausend Mark bestraft.

9. Abschnitt.

Vergehen in Beziehung auf die Ausübung der Religion.

(§ 166.)
Gotteslästerung.

§ 155.

Wer öffentlich und böswillig in beschimpfender Weise Gott lästert, wird mit Gefängnis oder Haft bis zu zwei Jahren bestraft.

§ 156.

(§ 166.) Beschimpfung von Religionsgesellschaften.

Wer öffentlich und böswillig eine der christlichen Kirchen oder eine andere mit Körperschaftsrechten innerhalb des Reichsgebiets bestehende Religionsgesellschaft beschimpft, wird mit Gefängnis oder Haft bis zu zwei Jahren oder mit Geldstrafe bis zu dreitausend Mark bestraft.

§ 157.

(§ 167.) Störung des Gottesdienstes.

Wer böswillig den Gottesdienst oder einzelne gottesdienstliche Veranstaltungen einer im Staate bestehenden Religionsgesellschaft in einer Kirche, einem Friedhof oder einem anderen dazu bestimmten Orte zu verhindern versucht, oder durch Erregung von Lärm oder Unordnung oder auf ähnliche Weise stört, oder wer an einem zu solchen Veranstaltungen bestimmten Orte beschimpfenden Unfug verübt, wird mit Gefängnis oder Haft bis zu zwei Jahren oder mit Geldstrafe bis zu dreitausend Mark bestraft.

§ 158.

(§ 168, § 367 Ziff. 1.) Leichenschändung usw.

Wer unbefugt einen Leichnam oder Teile eines solchen oder die Asche eines Verstorbenen aus dem Gewahrsam des Berechtigten wegnimmt, oder wer daran oder an der Beisetzungsstätte beschimpfenden Unfug verübt, wird mit Gefängnis oder Haft bis zu zwei Jahren oder mit Geldstrafe bis zu dreitausend Mark bestraft. Auch kann auf Verlust der bürgerlichen Ehrenrechte (§ 45) erkannt werden.

10. Abschnitt.

Münzverbrechen und Münzvergehen.

§ 159.

(§ 146.) Münzfälschung.

Wer inländisches oder ausländisches Metallgeld oder Papiergeld fälschlich anfertigt oder verfälscht, um das falsche Geld als echtes in Verkehr zu bringen, oder wer in gleicher Absicht falsches Geld sich verschafft, wird mit Zuchthaus, bei mildernden Umständen mit Gefängnis nicht unter einem Monat bestraft.

§ 160.

(§§ 147, 148.) Inverkehrbringen falschen Geldes.

Wer vorsätzlich falsches Geld als echtes in Verkehr bringt, wird mit Zuchthaus, bei mildernden Umständen mit Gefängnis nicht unter einem Monat bestraft.

Hatte der Täter das falsche Geld als echtes erlangt, so tritt Gefängnis oder Haft bis zu sechs Monaten oder Geldstrafe bis zu eintausend Mark ein. Der Versuch ist strafbar.

§ 161.

(§ 150.) Münzverringerung.

Wer Geldmünzen durch Beschneiden, Abfeilen oder auf andere Art verringert, um sie als vollgültig in Verkehr zu bringen, oder wer in gleicher Absicht verringerte Geldmünzen sich verschafft, wird mit Gefängnis bestraft.

Diese Strafbestimmung findet auch auf denjenigen Anwendung, welcher vorsätzlich solche Geldmünzen als vollgültig in Verkehr bringt. Hatte der Täter das verringerte Geld als vollgültig erlangt, so tritt Geldstrafe bis zu eintausend Mark ein.

Der Versuch ist strafbar.

(§ 151.)
Vorbereitungshandlungen.

§ 162.

Wer zum Zwecke eines Münzverbrechens oder Münzvergehens zu dessen Ausführung dienliche Gerätschaften anfertigt, sich verschafft oder einem anderen überläßt, wird mit Gefängnis bis zu zwei Jahren bestraft.

(§ 152.)
Einziehung.

§ 163.

Auf die Einziehung von falschem oder verringertem Gelde sowie von Gegenständen der im § 162 bezeichneten Art ist zu erkennen, auch wenn die Verfolgung und Verurteilung einer bestimmten Person nicht stattfindet.

(§ 149.)
Banknoten oder andere gleichgestellte Papiere.

§ 164.

Dem Papiergelde stehen gleich Banknoten, Schuldverschreibungen, in denen die Zahlung einer bestimmten Geldsumme versprochen wird, Aktien, Interims-, Zins-, Gewinnanteils- oder Erneuerungsscheine, soweit diese Papiere auf den Inhaber lauten und von einem zur Ausgabe Berechtigten ausgestellt sind.

11. Abschnitt.

Verbrechen und Vergehen in Beziehung auf die Rechtspflege.

(§§ 153, 154, 157, 158, 161, 163.)
Meineid.

§ 165.

Wer vor einer zuständigen Behörde einen ihm zugeschobenen, zurückgeschobenen oder auferlegten Eid oder einen Zeugen- oder Sachverständigeneid wissentlich falsch schwört oder durch eine unwahre Aussage verletzt, wird mit Zuchthaus bis zu zehn Jahren, bei mildernden Umständen mit Gefängnis nicht unter sechs Monaten bestraft. Eine von dem Gesetz an Stelle der Eidesleistung zugelassene Beteuerung oder Versicherung steht dem Eide gleich.

Fahrlässiger Falscheid.

Ist die Handlung aus Fahrlässigkeit begangen, so tritt Gefängnis oder Haft bis zu einem Jahr ein.

(§§ 156, 163.)
Falsche Versicherung an Eidesstatt.

§ 166.

Wer einer zuständigen Behörde eine Versicherung an Eidesstatt wissentlich falsch abgibt, wird mit Gefängnis bis zu drei Jahren bestraft. Die Berufung auf eine abgegebene Versicherung an Eidesstatt steht deren Abgabe gleich.

Ist die Handlung aus Fahrlässigkeit begangen, so ist die Strafe Gefängnis oder Haft bis zu sechs Monaten oder Geldstrafe bis zu eintausend Mark.

(§ 159.)
Verleitung zum Meineide.

§ 167.

Wer jemanden zur Begehung eines Meineids (§ 165 Abs. 1) zu verleiten versucht, wird mit Zuchthaus bis zu fünf Jahren, bei mildernden Umständen mit Gefängnis nicht unter drei Monaten, und wer versucht, jemanden zur wissentlichen Abgabe einer falschen Versicherung an Eidesstatt (§ 166 Abs. 1) zu verleiten, wird mit Gefängnis bis zu einem Jahr, bei mildernden Umständen mit Haft bis zu sechs Monaten oder mit Geldstrafe bis zu eintausend Mark bestraft.

§ 168.

(Neu.) Falsche uneidliche Aussage.

Wer vor einer zur eidlichen Vernehmung von Zeugen und Sachverständigen zuständigen Behörde als Zeuge oder Sachverständiger uneidlich vernommen, wissentlich falsch aussagt, obwohl er von der Behörde auf die Strafbarkeit falscher uneidlicher Aussagen hingewiesen worden ist, wird mit Gefängnis bis zu drei Jahren, bei mildernden Umständen mit Haft bis zu einem Jahr bestraft.

Ist die Handlung aus Fahrlässigkeit begangen, so ist die Strafe Haft bis zu sechs Monaten oder Geldstrafe bis zu eintausend Mark.

In besonders leichten Fällen (§ 83) kann von Strafe abgesehen werden.

§ 169.

(§ 158, § 163 Abs. 2.) Widerruf der falschen Erklärung oder Aussage.

In den Fällen der §§ 165 Abs. 2, 166 Abs. 2, 168 Abs. 1, 2 fällt die Strafbarkeit weg, wenn der Täter die falsche Erklärung oder Aussage freiwillig und bevor aus ihr ein Rechtsnachteil für einen anderen entstanden ist, bei der Behörde, der er sie abgegeben hat, widerruft.

§ 170.

(§ 160.) Verleitung zur Ableistung eines falschen Eides oder zur Abgabe einer falschen Versicherung an Eidesstatt.

Wer jemanden zur Ableistung eines falschen Eides verleitet, wird mit Gefängnis, und wer jemanden zur Abgabe einer falschen Versicherung an Eidesstatt verleitet, wird mit Gefängnis oder Haft bis zu sechs Monaten bestraft.

Der Versuch ist strafbar.

§ 171.

(§ 164.) Falsche Beschuldigung.

Wer einen anderen, um ihm eine Verfolgung wegen einer strafbaren Handlung oder wegen Verletzung einer Amtspflicht zuzuziehen, bei einer Behörde wider besseres Wissen einer solchen Handlung beschuldigt, wird mit Gefängnis nicht unter einem Monat, bei mildernden Umständen mit Gefängnis oder Haft bis zu zwei Jahren bestraft.

Die im § 266 zu Gunsten des Antragstellers und des Beleidigten gegebenen Vorschriften finden zu Gunsten des fälschlich Beschuldigten entsprechende Anwendung.

§ 172.

(§ 257.) Strafvereitelung.

Wer vorsätzlich die Verfolgung oder Bestrafung eines anderen wegen einer von diesem begangenen strafbaren Handlung vereitelt, wird mit Gefängnis oder Haft bis zu zwei Jahren oder mit Geldstrafe bis zu dreitausend Mark bestraft.

Der Versuch ist strafbar.

Wer die Handlung zu Gunsten eines Angehörigen begeht, bleibt straflos.

(§ 138.)
Unwahre Entschuldigung von Zeugen und Sachverständigen.

§ 173.

Wer als Zeuge berufen eine unwahre Tatsache als Entschuldigung vorschützt, wird mit Geldstrafe bis zu eintausend Mark oder mit Haft oder Gefängnis bis zu sechs Monaten bestraft.

Dasselbe gilt von einem Sachverständigen, der zum Erscheinen gesetzlich verpflichtet ist.

(§ 139.)
Unterlassene Verbrechensanzeige.

§ 174.

Wer ein beabsichtigtes oder bereits in der Ausführung begriffenes Verbrechen, von dem er zu einer Zeit, in der das Verbrechen oder dessen Erfolg noch abgewendet werden konnte, in glaubhafter Weise Kenntnis erhalten hat, der Behörde rechtzeitig anzuzeigen unterläßt, wird, wenn das Verbrechen oder ein strafbarer Versuch begangen worden ist, mit Gefängnis bis zu drei Jahren oder mit Haft oder mit Geldstrafe bis fünftausend Mark bestraft.

Diese Vorschrift findet keine Anwendung, wenn die Anzeige gegen einen Angehörigen oder von einem Geistlichen in Ansehung desjenigen, was ihm bei Ausübung der Seelsorge anvertraut worden ist, hätte erstattet werden müssen, oder wenn der Anzeigepflichtige ernstlich bemüht gewesen ist, das Verbrechen oder dessen Erfolg abzuwenden.

(§ 356.)
Parteiverrat.

§ 175.

Ein Rechtsanwalt oder anderer Rechtsbeistand, der absichtlich denjenigen benachteiligt, dessen Rechte er wahrzunehmen hat, wird mit Gefängnis, in besonders schweren Fällen (§ 84) mit Zuchthaus bis zu fünf Jahren bestraft.

Der Versuch ist strafbar.

(§ 352.)
Gebührenüberhebung.

§ 176.

Ein Rechtsanwalt oder anderer Rechtsbeistand, der wider besseres Wissen nicht geschuldete Gebühren oder andere Vergütungen erhebt, wird mit Geldstrafe bis zu zweitausend Mark oder mit Haft oder Gefängnis bis zu einem Jahr bestraft.

Der Versuch ist strafbar.

12. Abschnitt.

Verbrechen und Vergehen gegen die Ordnung der Ehe und des Personenstandes.

(§ 169.)
Personenstandsfälschung.

§ 177.

Wer ein Kind unterschiebt oder wer auf andere Weise den Personenstand eines anderen fälscht oder unterdrückt, wird mit Gefängnis bis zu drei Jahren oder mit Haft, in besonders schweren Fällen (§ 84) mit Zuchthaus bis zu fünf Jahren bestraft.

Der Versuch ist strafbar.

(§ 170.)
Ehebetrug.

§ 178.

Wer einen anderen durch arglistige Täuschung zur Eingehung einer nichtigen oder anfechtbaren Ehe bestimmt, wird, wenn die Ehe aus diesem Grunde für nichtig erklärt worden ist, mit Gefängnis oder mit Haft bestraft.

Die Verfolgung tritt nur auf Antrag ein.

§ 179. (§ 171.) Doppelehe.

Wer wissentlich eine Ehe eingeht, die für ihn oder den anderen Ehegatten eine Doppelehe ist, wird mit Zuchthaus bis zu fünf Jahren, bei mildernden Umständen mit Gefängnis nicht unter sechs Monaten bestraft.

Die Verjährung beginnt mit dem Tage, an dem eine der beiden Ehen aufgelöst oder für nichtig erklärt worden ist.

§ 180. (§ 172.) Ehebruch.

Der Ehebruch wird, wenn die Ehe deshalb geschieden ist, mit Gefängnis oder Haft bis zu zwei Jahren bestraft.

Die Verfolgung tritt nur auf Antrag ein. Der Antrag kann zurückgenommen werden.

13. Abschnitt.

Verbrechen und Vergehen gegen die Sicherheit des öffentlichen Verkehrs.

§ 181. (§§ 305, 321.) Beschädigung öffentlicher Verkehrseinrichtungen usw.

Wer vorsätzlich Wasserleitungen, Schleusen, Wehre, Deiche, Dämme oder andere Wasserbauten oder Schutzvorrichtungen gegen Naturereignisse oder Brücken, Straßen, Wege, Fähren, Schutzwehren oder ähnliche dem öffentlichen Verkehr dienende Einrichtungen zerstört oder beschädigt und dadurch Gefahr für Menschenleben oder in bedeutendem Umfange für fremdes Eigentum herbeiführt, wird mit Gefängnis oder Haft, in besonders schweren Fällen (§ 84) mit Zuchthaus bestraft.

Ist die Handlung aus Fahrlässigkeit begangen, so ist die Strafe Gefängnis oder Haft bis zu einem Jahr oder Geldstrafe bis zu dreitausend Mark.

§ 182. (§§ 321, 326.) Störung der öffentlichen Verkehrssicherheit auf Straßen usw.

Wer, abgesehen von den Fällen des § 181, absichtlich die Sicherheit des öffentlichen Verkehrs auf Straßen, Wegen oder Plätzen stört und dadurch Gefahr für Menschenleben herbeiführt, wird mit Gefängnis, in besonders schweren Fällen (§ 84) mit Zuchthaus bestraft.

§ 183. (§§ 315, 316.) Störung der Eisenbahnbetriebssicherheit.

Wer vorsätzlich die Sicherheit des Betriebs einer Eisenbahn stört und dadurch Gefahr für Menschenleben oder in bedeutendem Umfange für fremdes Eigentum herbeiführt, wird mit Zuchthaus bis zu zehn Jahren, bei mildernden Umständen mit Gefängnis nicht unter drei Monaten bestraft.

In besonders schweren Fällen (§ 84) ist die Strafe Zuchthaus nicht unter fünf Jahren oder lebenslängliches Zuchthaus.

Ist die Handlung aus Fahrlässigkeit begangen, so tritt Gefängnis bis zu drei Jahren oder Haft oder Geldstrafe bis zu fünftausend Mark ein.

(§§ 317 bis 318 a.)
Hinderung des Eisenbahnbetriebs usw.

§ 184.

Wer vorsätzlich den Betrieb einer dem öffentlichen Verkehr dienenden Eisenbahn oder der Post oder einer zur öffentlichen Versorgung mit Wasser oder Beleuchtung dienenden Anstalt verhindert, wird mit Gefängnis bis zu drei Jahren oder mit Haft, bei mildernden Umständen mit Geldstrafe bis zu eintausend Mark bestraft.

(§§ 317 bis 318 a.)
Hinderung oder Gefährdung des Telegraphen-, Fernsprech- oder Rohrpostbetriebs.

§ 185.

Wer den Betrieb einer zu öffentlichen Zwecken dienenden Telegraphen-, Fernsprech- oder Rohrpostanlage vorsätzlich verhindert oder gefährdet, wird mit Gefängnis bis zu drei Jahren oder mit Haft oder mit Geldstrafe bis zu fünftausend Mark bestraft.

Ist die Handlung aus Fahrlässigkeit begangen, so tritt Gefängnis oder Haft bis zu sechs Monaten oder Geldstrafe bis zu eintausend Mark ein.

(§§ 321, 322, 326.)
Störung der Sicherheit der Schiffahrt.

§ 186.

Wer absichtlich die Sicherheit der Schiffahrt stört und dadurch Gefahr für Menschenleben oder in bedeutendem Umfange für fremdes Eigentum herbeiführt, wird mit Zuchthaus bis zu fünf Jahren, bei mildernden Umständen mit Gefängnis nicht unter drei Monaten bestraft.

In besonders schweren Fällen (§ 84) ist die Strafe Zuchthaus nicht unter fünf Jahren oder lebenslängliches Zuchthaus.

(§ 297.)
Schiffsgefährdung durch Konterbande.

§ 187.

Wer vorsätzlich und widerrechtlich Gegenstände an Bord eines deutschen Schiffes bringt, welche für das Schiff oder die Ladung die Gefahr der Beschlagnahme oder Einziehung herbeiführen können, wird mit Geldstrafe bis zu fünftausend Mark oder mit Haft oder Gefängnis bis zu zwei Jahren bestraft.

Die Verfolgung findet auch dann statt, wenn das Vergehen außerhalb des Reichsgebiets begangen ist.

Auf ausländische Schiffe findet diese Vorschrift insoweit Anwendung, als die Gegenseitigkeit verbürgt ist.

(§ 145.)
Schiffahrtsvergehen.

§ 188.

Wer den vom Kaiser

zur Verhütung des Zusammenstoßens der Schiffe auf See,
über das Verhalten der Schiffer nach einem Zusammenstoße von Schiffen auf See, oder
in betreff der Not- und Lotsensignale für Schiffe auf See und auf den Küstengewässern

erlassenen Verordnungen zuwiderhandelt, wird mit Geldstrafe bis zu eintausendfünfhundert Mark bestraft.

14. Abschnitt.

Gemeingefährliche Verbrechen und Vergehen.

§ 189. (§§ 306 bis 314.) Brandstiftung usw.

Wer vorsätzlich einen Brand, eine Explosion, einen Einsturz oder eine Überschwemmung und dadurch Gefahr für Menschenleben oder in bedeutendem Umfange für fremdes Eigentum herbeiführt, wird mit Zuchthaus bestraft.

War durch die Handlung nur fremdes Eigentum gefährdet und ist der entstandene Schaden gering oder sind andere mildernde Umstände vorhanden, so ist auf Gefängnis nicht unter drei Monaten zu erkennen.

In besonders schweren Fällen (§ 84) ist die Strafe Zuchthaus nicht unter fünf Jahren oder lebenslängliches Zuchthaus.

Ist die Handlung aus Fahrlässigkeit begangen, so tritt Gefängnis bis zu drei Jahren oder Haft oder Geldstrafe bis zu fünftausend Mark ein.

§ 190. (§ 321.) Beseitigung von Sicherheitsvorrichtungen in lebensgefährlichen Betrieben.

Wer in Bergwerken, Fabriken oder anderen ähnlichen Betrieben, in denen Arbeiter in einer Art beschäftigt werden, daß dadurch ihr Leben gefährdet werden kann, Vorrichtungen, die zur Sicherung des Betriebs, insbesondere zum Schutze des Lebens der Arbeiter dienen, vorsätzlich zerstört oder sonst unbrauchbar macht, außer Tätigkeit oder einer bestehenden Pflicht zuwider nicht in Tätigkeit setzt und dadurch Gefahr für Menschenleben herbeiführt, wird mit Gefängnis oder Haft, in besonders schweren Fällen (§ 84) mit Zuchthaus bestraft.

Ist die Handlung aus Fahrlässigkeit begangen, so ist die Strafe Gefängnis oder Haft bis zu einem Jahr oder Geldstrafe bis zu dreitausend Mark.

§ 191. (§§ 323, 326.) Schiffsstrandung.

Wer vorsätzlich die Strandung oder das Sinken eines Schiffes bewirkt und dadurch Gefahr für Menschenleben oder in bedeutendem Umfange für fremdes Eigentum herbeiführt, wird mit Zuchthaus bestraft.

In besonders schweren Fällen (§ 84) ist die Strafe Zuchthaus nicht unter fünf Jahren oder lebenslängliches Zuchthaus.

Ist die Handlung aus Fahrlässigkeit begangen, so tritt Gefängnis bis zu drei Jahren oder Haft oder Geldstrafe bis zu fünftausend Mark ein.

§ 192. (§§ 324, 326.) Brunnenvergiftung.

Wer vorsätzlich Brunnen, Wasserleitungen oder Wasserbehälter, die zum Gebrauche von Menschen dienen, vergiftet oder ihnen Stoffe beimischt, welche die menschliche Gesundheit zu zerstören geeignet sind, wird mit Zuchthaus bis zu zehn Jahren bestraft.

In besonders schweren Fällen (§ 84) ist die Strafe Zuchthaus nicht unter fünf Jahren oder lebenslängliches Zuchthaus.

Ist die Handlung aus Fahrlässigkeit begangen, so tritt Gefängnisstrafe bis zu drei Jahren oder Haft oder Geldstrafe bis zu fünftausend Mark ein.

(§ 327.)
Verletzung von Schutzmaßregeln gegen Verbreitung menschlicher Krankheiten.

§ 193.

Wer die Absperrungs- oder Aufsichtsmaßregeln oder Einfuhrverbote, welche von der zuständigen Behörde zur Verhütung der Einschleppung oder Verbreitung einer übertragbaren Krankheit angeordnet worden sind, wissentlich verletzt, wird mit Gefängnis oder Haft bis zu zwei Jahren, in besonders schweren Fällen (§ 84) mit Gefängnis nicht unter drei Monaten bestraft.

(§ 328.)
Verletzung von Schutzmaßregeln gegen Verbreitung von Viehseuchen.

§ 194.

Wer die Absperrungs- oder Aufsichtsmaßregeln oder Einfuhrverbote, welche von der zuständigen Behörde zur Verhütung der Einschleppung oder Verbreitung von Viehseuchen angeordnet worden sind, wissentlich verletzt, wird mit Gefängnis oder Haft bis zu einem Jahr, in besonders schweren Fällen (§ 84) mit Gefängnis nicht unter einem Monat bestraft.

(§ 330.)
Verletzung von Regeln der Baukunde.

§ 195.

Wer bei der Leitung oder Ausführung eines Baues gegen die allgemein anerkannten Regeln der Baukunde handelt und dadurch Gefahr für Menschenleben oder in bedeutendem Umfange für fremdes Eigentum herbeiführt, wird mit Geldstrafe bis zu dreitausend Mark oder mit Haft oder Gefängnis bis zu zwei Jahren bestraft.

15. Abschnitt.

Verbrechen und Vergehen im Amte.

(§ 331.)
Bestechung in bezug auf nicht pflichtwidrige Amtshandlungen.

§ 196.

Ein Beamter, der für eine nicht pflichtwidrige Amtshandlung Geschenke oder andere ihm nicht gebührende Vorteile fordert, annimmt oder sich versprechen läßt, wird mit Geldstrafe bis zu eintausend Mark oder mit Haft oder Gefängnis bis zu sechs Monaten bestraft.

(§ 332.)
Bestechung in bezug auf pflichtwidrige Amtshandlungen.

§ 197.

Ein Beamter, der für eine Amtshandlung, die eine Verletzung seiner Pflicht enthält, Geschenke oder andere ihm nicht gebührende Vorteile fordert, annimmt oder sich versprechen läßt, wird mit Zuchthaus bis zu fünf Jahren, bei mildernden Umständen mit Gefängnis bestraft.

(§ 333.)

Gefängnis, bei mildernden Umständen Haft oder Geldstrafe bis zu dreitausend Mark trifft denjenigen, der dem Beamten die Geschenke oder Vorteile anbietet, verspricht oder gewährt. Diese Vorschrift findet entsprechende Anwendung, wenn die Handlung gegen ein Mitglied der bewaffneten Macht begangen ist.

(§ 334.)
Richterbestechung.

§ 198.

Wer zur Ausübung des Richteramts oder als Schiedsrichter berufen Geschenke oder andere ihm nicht gebührende Vorteile fordert, annimmt oder sich versprechen läßt, um eine Rechtssache, deren Leitung oder Entscheidung ihm obliegt, zu Gunsten oder zum Nachteil eines Beteiligten zu leiten oder zu entscheiden, wird mit Zuchthaus bestraft.

Dieselbe Strafe, bei mildernden Umständen Gefängnis nicht unter einem Monat trifft denjenigen, der dem Richter oder Schiedsrichter die Geschenke oder Vorteile anbietet, verspricht oder gewährt.

§ 199.

(§ 335.) Verfallserklärung.

In den Fällen der §§ 196, 197 Abs. 1, § 198 Abs. 1 ist im Urteil das Empfangene oder dessen Wert für verfallen zu erklären.

§ 200.

(§ 336.) Rechtsbeugung.

Wer zur Ausübung des Richteramts oder als Schiedsrichter berufen vorsätzlich das Recht beugt, wird mit Zuchthaus bis zu fünf Jahren bestraft.

§ 201.

(§§ 343, 344, 346.) Erpressung von Aussagen und falsche Verfolgung.

Ein Beamter, der bei der Verfolgung strafbarer Handlungen mitzuwirken hat, wird mit Zuchthaus bis zu zehn Jahren, bei mildernden Umständen mit Gefängnis nicht unter einem Monat bestraft, wenn er

1. Zwangsmittel anwendet, um Aussagen zu erpressen,
2. wider besseres Wissen einen Unschuldigen zur Verfolgung oder Bestrafung bringt oder einen Schuldigen der Verfolgung oder Bestrafung entzieht.

§ 202.

(§§ 345, 346.) Gesetzwidrige Vollstreckung oder Nichtvollstreckung einer Strafe.

Ein Beamter, der bei der Strafvollstreckung mitzuwirken hat, wird mit Zuchthaus bis zu fünf Jahren, bei mildernden Umständen mit Gefängnis nicht unter einem Monat bestraft, wenn er widerrechtlich und wider besseres Wissen eine Strafvollstreckung entweder bewirkt oder unterläßt.

Ist die widerrechtliche Vollstreckung durch Fahrlässigkeit herbeigeführt, so ist auf Geldstrafe bis zu eintausend Mark oder auf Haft oder Gefängnis bis zu einem Jahr zu erkennen.

§ 203.

(§ 348 Abs. 1.) Falschbeurkundung.

Ein Beamter, der zur Ausstellung öffentlicher Urkunden befugt, vorsätzlich eine rechtlich erhebliche Tatsache falsch beurkundet, wird mit Gefängnis bestraft.

(§ 348 Abs. 2.) Urkundenverfälschung usw.

Dieselbe Strafe trifft einen Beamten, der vorsätzlich eine ihm amtlich anvertraute oder zugängliche Urkunde verfälscht, vernichtet, beschädigt oder unterdrückt.

(§ 349.)

Handelt der Täter in der Absicht, sich oder einem anderen unrechtmäßigen Gewinn zu verschaffen oder einem anderen rechtswidrig Nachteil zuzufügen, so ist die Strafe Zuchthaus bis zu zehn Jahren, bei mildernden Umständen Gefängnis nicht unter drei Monaten.

§ 204.

(§§ 352, 353.) Übermäßige Erhebung von Abgaben usw.

Ein Beamter, der wider besseres Wissen nicht geschuldete Steuern, Abgaben, Gebühren oder andere Vergütungen erhebt, wird mit Gefängnis oder Haft oder mit Geldstrafe bis zu fünftausend Mark bestraft.

Dieselbe Strafe trifft den Beamten, der bei Verausgabung von Geldern oder anderen Sachen wider besseres Wissen einem anderen das ihm Zukommende ganz oder teilweise vorenthält.

Der Versuch ist strafbar.

(§ 353 a.)
Geheimnisbruch usw. durch Beamte des Auswärtigen Amts.

§ 205.

Ein Beamter im Dienste des Auswärtigen Amts des Deutschen Reichs, welcher die Amtsverschwiegenheit dadurch verletzt, daß er ihm amtlich anvertraute oder zugängliche Schriftstücke oder eine ihm von seinem Vorgesetzten erteilte Anweisung oder deren Inhalt anderen widerrechtlich mitteilt, wird, sofern nicht nach anderen Bestimmungen eine schwerere Strafe verwirkt ist, mit Gefängnis oder mit Haft oder mit Geldstrafe bis zu fünftausend Mark bestraft.

Dieselbe Strafe trifft einen mit einer auswärtigen Mission betrauten oder bei einer solchen beschäftigten Beamten, welcher den ihm durch seinen Vorgesetzten amtlich erteilten Anweisungen vorsätzlich zuwiderhandelt, oder welcher in der Absicht, seinen Vorgesetzten in dessen amtlichen Handlungen irre zu leiten, diesem unwahre Tatsachen berichtet.

(§ 354.)
Verletzung des Postgeheimnisses.

§ 206.

Ein Postbeamter, welcher die der Post anvertrauten Briefe oder Pakete in anderen als den vom Gesetz vorgesehenen Fällen öffnet oder unterdrückt oder einem anderen wissentlich eine solche Handlung gestattet oder ihm dabei wissentlich Hilfe leistet, wird mit Gefängnis bestraft.

(§ 355.)
Verletzung des Telegraphen- und Fernsprechgeheimnisses, Telegrammverfälschung.

§ 207.

Ein Telegraphenbeamter, der die einer Telegraphenanstalt anvertrauten Telegramme verfälscht oder in anderen, als in den im Gesetz vorgesehenen Fällen öffnet oder unterdrückt, oder von ihrem Inhalt Dritte rechtswidrig benachrichtigt oder einem anderen wissentlich eine solche Handlung gestattet oder ihm dabei wissentlich Hilfe leistet, wird mit Gefängnis bestraft.

Ein Telegraphenbeamter, der widerrechtlich von dem Inhalt eines auf einer Fernsprechanlage geführten Gesprächs andere benachrichtigt oder einem anderen das Anhören eines solchen Gesprächs wissentlich gestattet, wird mit Gefängnis oder mit Haft oder mit Geldstrafe bis zu zweitausend Mark bestraft.

(§ 357.)
Verleitung Untergebener.

§ 208.

Ein Amtsvorgesetzter, welcher einen Untergebenen zu einem Verbrechen oder Vergehen im Amte zu verleiten versucht, wird mit der auf die strafbare Handlung selbst angedrohten Strafe bestraft.

(§ 350.)
Amtsunterschlagung.

§ 209.

Ein Beamter, welcher Geld oder andere Sachen, die er in amtlicher Eigenschaft empfangen oder in Gewahrsam hat, unterschlägt, wird mit Gefängnis nicht unter drei Monaten und wenn mit der Unterschlagung vorsätzlich unrichtige Buch- oder Rechnungsführung oder ähnliche auf Täuschung der Behörde berechnete Veranstaltungen verbunden waren, mit Zuchthaus bis zu fünf Jahren, bei mildernden Umständen mit Gefängnis nicht unter sechs Monaten bestraft. (§ 351.)

In besonders schweren Fällen ist die Strafe Zuchthaus bis zu zehn Jahren.

§ 210.

(Neu.) Straferhöhung.

Begeht ein Beamter vorsätzlich in oder bei der Ausübung des Amtes ein in den übrigen Abschnitten dieses Gesetzes vorgesehenes Verbrechen oder Vergehen, so wird die angedrohte Strafe im Höchstmaß um die Hälfte erhöht, doch darf der gesetzliche Höchstbetrag der zur Anwendung kommenden Strafart nicht überschritten werden.

Die Strafverfolgung tritt stets ohne Antrag ein.

§ 211.

(§ 358.) Nebenstrafen.

Neben jeder auf Grund dieses Abschnitts wegen einer vorsätzlichen Handlung verwirkten Gefängnisstrafe, deren Dauer drei Monat erreicht, kann auf Verlust der Fähigkeit zur Ausübung öffentlicher Ämter oder eines bestimmten öffentlichen Amtes auf die Dauer von einem bis zu fünf Jahren erkannt werden.

Drittes Buch.

Verbrechen und Vergehen gegen die Person.

16. Abschnitt.

Verbrechen und Vergehen gegen das Leben.

§ 212.

(§ 211.) Mord.

Wer vorsätzlich einen Menschen tötet, wird, wenn er die Tötung mit Überlegung ausgeführt hat, wegen Mordes mit dem Tode, bei mildernden Umständen mit lebenslänglichem Zuchthaus oder Zuchthaus nicht unter zehn Jahren bestraft.

§ 213.

(§§ 212, 213.) Totschlag.

Wer vorsätzlich einen Menschen tötet, wird, wenn er die Tötung nicht mit Überlegung ausgeführt hat, wegen Totschlags mit Zuchthaus nicht unter zwei Jahren, bei mildernden Umständen mit Gefängnis nicht unter einem Jahr bestraft.

§ 214.

(§ 214.) Totschlag bei Unternehmung eines anderen Verbrechens.

Hat der Täter den Totschlag bei Unternehmung eines anderen Verbrechens begangen, um ein der Ausführung entgegentretendes Hindernis zu beseitigen oder der Entdeckung oder Ergreifung zu entgehen oder um sich die Vorteile der Tat zu erhalten, so ist die Strafe Zuchthaus nicht unter fünf Jahren oder lebenslängliches Zuchthaus.

(§ 216.)
Tötung des Verlangenden.

§ 215.

Ist jemand durch das dringende Verlangen des Getöteten zur Tötung bestimmt worden, so ist auf Gefängnis nicht unter sechs Monaten zu erkennen.

Der Versuch ist strafbar.

(§ 217.)
Kindestötung.

§ 216.

Eine Mutter, welche ihr uneheliches Kind in oder gleich nach der Geburt vorsätzlich tötet, wird mit Zuchthaus, bei mildernden Umständen mit Gefängnis nicht unter sechs Monaten bestraft.

(§§ 218, 219, 220.)
Abtreibung.

§ 217.

Eine Schwangere, welche vorsätzlich ihre Frucht abtreibt oder im Mutterleibe tötet, wird mit Zuchthaus bis zu drei Jahren oder mit Gefängnis von drei Monaten bis zu drei Jahren bestraft.

Ebenso wird bestraft, wer an der Schwangeren mit ihrer Einwilligung die Abtreibung oder Tötung vornimmt oder ihr die Mittel hierzu verschafft hat. Handelt er gegen Entgelt, so ist die Strafe Zuchthaus bis zu fünf Jahren oder Gefängnis nicht unter sechs Monaten.

Wer die Leibesfrucht einer Schwangeren ohne deren Wissen oder Willen vorsätzlich abtreibt oder im Mutterleibe tötet, wird mit Zuchthaus nicht unter zwei Jahren, bei mildernden Umständen mit Gefängnis nicht unter einem Jahr und, wenn durch die Handlung der Tod der Schwangeren verursacht ist, mit Zuchthaus nicht unter fünf Jahren bestraft.

(§ 221.)
Aussetzung Hilfloser.

§ 218.

Wer eine hilflose Person aussetzt oder wer eine solche Person, die unter seiner Obhut steht oder für deren Unterbringung, Fortschaffung oder Aufnahme er zu sorgen hat, in hilfloser Lage vorsätzlich verläßt, wird mit Gefängnis nicht unter drei Monaten bestraft.

Ist durch die Handlung eine schwere Körperverletzung der ausgesetzten oder verlassenen Person verursacht worden, so tritt Zuchthausstrafe bis zu zehn Jahren und, wenn durch die Handlung der Tod der Person verursacht worden ist, Zuchthausstrafe nicht unter drei Jahren ein.

(§ 222.)
Fahrlässige Tötung.

§ 219.

Wer fahrlässig den Tod eines Menschen verursacht, wird mit Gefängnis bis zu drei Jahren oder mit Haft bestraft.

War der Täter wegen seines Amtes, Berufs oder Gewerbes zu besonderer Aufmerksamkeit verpflichtet, so kann die Strafe bis auf fünf Jahre Gefängnis erhöht werden.

17. Abschnitt.

Zweikampf.

(§§ 205, 208.)
Zweikampf mit tödlichen Waffen.

§ 220.

Der Zweikampf mit tödlichen Waffen wird mit Haft nicht unter drei Monaten bestraft.

Hat der Zweikampf ohne Sekundanten stattgefunden oder sollte er den Tod eines der Kämpfenden herbeiführen, so ist die Strafe Haft nicht unter sechs Monaten.

Hat der Täter den Zweikampf freventlich verschuldet, so ist auf Gefängnisstrafe von gleicher Dauer zu erkennen.

§ 221.

(§§ 206, 208.)
Tötung im Zweikampf.

Wer seinen Gegner im Zweikampf tötet, wird mit Haft von einem bis zu fünf Jahren, und wenn einer der im § 220 Abs. 2 bezeichneten Umstände vorliegt, mit Haft von zwei bis zu fünf Jahren oder mit Gefängnis nicht unter zwei Jahren bestraft.

Hat er den Zweikampf freventlich verschuldet, so ist die Strafe Gefängnis nicht unter zwei Jahren.

§ 222.

(§ 207.)
Übertretung der Regeln des Zweikampfs.

Ist eine Tötung oder Körperverletzung mittels vorsätzlicher Übertretung der vereinbarten oder hergebrachten Regeln des Zweikampfs bewirkt worden, so ist der Übertreter, sofern nicht nach den vorstehenden Bestimmungen eine schwerere Strafe verwirkt ist, nach den allgemeinen Vorschriften über Tötung und Körperverletzung zu bestrafen.

§ 223.

(§§ 201, 202, 204.)
Herausforderung zum Zweikampf.

Wer einen anderen zum Zweikampf herausfordert oder wer eine solche Herausforderung annimmt, wird mit Haft bis zu sechs Monaten bestraft.

Ist die Herausforderung eine freventliche oder läßt sie erkennen, daß einer der Kämpfenden das Leben verlieren soll, so trifft den Herausforderer Haft von einem Monat bis zu zwei Jahren.

Die Strafbarkeit fällt weg, wenn die Parteien den Zweikampf vor dessen Beginn freiwillig aufgegeben haben.

§ 224.

(Neu.)
Zweikampf unter Vorkehrungen gegen Lebensgefahr.

Hat in den Fällen der §§ 220, 221 der Zweikampf unter Vorkehrungen stattgefunden, welche gegen Lebensgefahr zu schützen geeignet und bestimmt waren, so tritt Haftstrafe bis zu einem Jahr ein.

Die Herausforderung zu einem Zweikampf dieser Art und die Annahme einer solchen Herausforderung werden mit Haft bis zu sechs Monaten bestraft.

§ 225.

(§ 209.)
Straflose Teilnehmer.

Kartellträger, welche ernstlich bemüht gewesen sind, den Zweikampf zu verhindern, Sekundanten sowie die als Zeugen oder Ärzte zugezogenen Personen sind straflos.

§ 226.

(§ 210.)
Aufreizung zum Zweikampf.

Wer einen anderen zum Zweikampf mit einem Dritten durch Bezeigung oder Androhung von Verachtung oder in anderer Weise aufreizt, wird mit Haft bis zu sechs Monaten bestraft.

Hat ein nach §§ 220 oder 221 strafbarer Zweikampf stattgefunden, so ist die Strafe Haft oder Gefängnis nicht unter einem Monat.

18. Abschnitt.

Körperverletzung.

(§ 228.)
Körperverletzung.

§ 227.

Wer vorsätzlich einen anderen körperlich mißhandelt oder an der Gesundheit beschädigt, wird wegen Körperverletzung mit Gefängnis bis zu drei Jahren oder mit Haft oder mit Geldstrafe bis zu fünftausend Mark bestraft. In besonders leichten Fällen (§ 83) kann von Strafe abgesehen werden.

(§§ 223a, 228.)
Gefährliche Körperverletzung.

§ 228.

Hat der Täter die Körperverletzung mittels gefährlichen Gebrauchs einer Waffe oder eines Messers oder sonst in einer Weise begangen, daß dadurch das Leben des Verletzten oder in erheblichem Maße seine Gesundheit gefährdet werden konnte, so ist die Strafe Gefängnis nicht unter zwei Monaten, bei mildernden Umständen Gefängnis bis zu drei Jahren oder Haft oder Geldstrafe bis zu fünftausend Mark.

Der Versuch ist strafbar.

(§§ 224, 225, 228.)
Schwere Körperverletzung.

§ 229.

Hat die Körperverletzung eine schwere Schädigung des Körpers oder des Geistes des Verletzten zur Folge gehabt, so ist die Strafe Zuchthaus bis zu fünf Jahren, bei mildernden Umständen Gefängnis nicht unter einem Monat.

Eine schwere Schädigung des Körpers oder des Geistes liegt insbesondere vor, wenn infolge der Körperverletzung der Verletzte in Todesgefahr geraten, in schwere und langdauernde Krankheit verfallen oder sonst in dem Gebrauche seines Körpers oder Geistes lange und schwer beeinträchtigt worden ist.

War der eingetretene Erfolg von dem Täter beabsichtigt, so tritt Zuchthausstrafe bis zu zehn Jahren ein.

(§§ 226, 228.)
Körperverletzung mit tödlichem Erfolge.

§ 230.

Hat die Körperverletzung den Tod des Verletzten zur Folge gehabt, so ist die Strafe Zuchthaus bis zu zehn Jahren, bei mildernden Umständen Gefängnis nicht unter sechs Monaten.

(§ 227.)
Raufhandel.

§ 231.

Ist durch eine Schlägerei oder durch einen von mehreren gemachten Angriff der Tod eines Menschen oder eine schwere Körperverletzung (§ 229) verursacht worden, so ist jeder, welcher sich an der Schlägerei oder dem Angriffe beteiligt hat, schon wegen dieser Beteiligung mit Gefängnis bis zu drei Jahren zu bestrafen, falls er nicht ohne sein Verschulden hineingezogen worden ist.

(§ 230.)
Fahrlässige Körperverletzung.

§ 232.

Wer fahrlässig eine Körperverletzung verursacht, wird mit Geldstrafe bis zu dreitausend Mark oder mit Haft oder Gefängnis bis zu zwei Jahren bestraft.

War der Täter wegen seines Amtes, Berufs oder Gewerbes zu besonderer Aufmerksamkeit verpflichtet, so kann die Strafe bis auf drei Jahre Gefängnis oder Haft oder auf fünftausend Mark Geldstrafe erhöht werden.

§ 233. (§ 232.) Strafantrag.

In den Fällen der §§ 227, 232 Abs. 1 tritt die Verfolgung nur auf Antrag ein.

Ist das Vergehen gegen einen Angehörigen verübt, so kann der Antrag zurückgenommen werden.

Die Vorschriften des § 264 finden entsprechende Anwendung, ebenso die des § 265 bei wechselseitigen Körperverletzungen und bei einem Wechsel von Beleidigungen und Körperverletzungen.

19. Abschnitt.

Verbrechen und Vergehen gegen die persönliche Freiheit.

§ 234. (§ 234.) Sklavenraub.

Wer vorsätzlich einen Menschen in Sklaverei oder in einen anderen ähnlichen Zustand der Unfreiheit bringt, wird mit Zuchthaus bestraft.

§ 235. (§ 235.) Kinderraub.

Wer vorsätzlich einen Minderjährigen den Eltern, dem Vormund oder dem Pfleger entzieht, wird mit Gefängnis bis zu drei Jahren oder mit Haft, und wenn die Handlung in der Absicht geschieht, den Minderjährigen zu gewinnsüchtigen oder unsittlichen Zwecken zu gebrauchen, mit Zuchthaus bis zu zehn Jahren, bei mildernden Umständen mit Gefängnis nicht unter sechs Monaten bestraft.

§ 236. (§ 236.) Entführung.

Wer eine Frauensperson wider ihren Willen entführt, wird, wenn er beabsichtigt, sie zur Ehe zu bringen, mit Gefängnis, und wenn er beabsichtigt, sie zur Unzucht zu bringen, mit Zuchthaus bis zu zehn Jahren, bei mildernden Umständen mit Gefängnis nicht unter sechs Monaten bestraft.

Die Verfolgung tritt nur auf Antrag ein.

§ 237. (§ 237.)

Wer eine minderjährige unverheiratete Frauensperson mit ihrem Willen, jedoch ohne Einwilligung ihrer Eltern, ihres Vormundes oder ihres Pflegers entführt, um sie zur Unzucht oder zur Ehe zu bringen, wird mit Gefängnis bis zu drei Jahren oder mit Haft oder mit Geldstrafe bis zu fünftausend Mark bestraft.

Die Verfolgung tritt nur auf Antrag ein.

§ 238. (§ 238.)

Hat in den Fällen der §§ 236, 237 der Entführer die Entführte geheiratet, so findet die Verfolgung nur statt, nachdem die Ehe für nichtig erklärt worden ist.

(§ 239.)
Freiheitsberaubung.

§ 239.

Wer vorsätzlich einen anderen einsperrt oder auf andere Weise der Freiheit beraubt, wird mit Gefängnis oder mit Haft oder mit Geldstrafe bis zu fünftausend Mark, in besonders schweren Fällen (§ 84) mit Zuchthaus bestraft.

Der Versuch ist strafbar.

(§ 240.)
Nötigung.

§ 240.

Wer in rechtswidriger Absicht einen anderen durch Gewalt oder Drohung zu einer Handlung, Duldung oder Unterlassung nötigt, wird mit Gefängnis oder Haft bis zu zwei Jahren oder mit Geldstrafe bis zu dreitausend Mark bestraft.

Der Versuch ist strafbar.

(§ 241.)
Bedrohung.

§ 241.

Wer durch gefährliche Drohung einen anderen in seinem Frieden stört, wird mit Gefängnis oder Haft bis zu einem Jahr oder mit Geldstrafe bis zu eintausend Mark bestraft.

(§§ 123, 124.)
Hausfriedensbruch.

§ 242.

Wer in die Wohnung, in die Geschäftsräume oder in das befriedete Besitztum eines anderen oder in abgeschlossene Räume, welche zum öffentlichen Dienst oder Verkehr bestimmt sind, widerrechtlich eindringt oder gegen den Willen des Berechtigten darin verweilt, wird mit Gefängnis oder Haft bis zu einem Jahr oder mit Geldstrafe bis zu zweitausend Mark bestraft.

Die Verfolgung tritt nur auf Antrag ein.

20. Abschnitt.

Verbrechen und Vergehen gegen die Sittlichkeit.

(§ 177.)
Notzucht.

§ 243.

Wer durch Gewalt oder Drohung mit gegenwärtiger persönlicher Gefahr eine Frauensperson zur Duldung des außerehelichen Beischlafs nötigt, wird mit Zuchthaus, bei mildernden Umständen mit Gefängnis nicht unter einem Jahr bestraft.

(§ 176.)

§ 244.

Mit Zuchthaus bis zu zehn Jahren, bei mildernden Umständen mit Gefängnis nicht unter sechs Monaten wird bestraft, wer

Nötigung zur Unzucht.

1. durch Gewalt oder Drohung mit gegenwärtiger persönlicher Gefahr eine Frauensperson zur Duldung unzüchtiger Handlungen nötigt;

Schändung.

2. eine bewußtlose oder sonst zum Widerstand unfähige oder eine geisteskranke Frauensperson zum außerehelichen Beischlaf mißbraucht;

Unzucht mit Kindern.

3. mit einem Kinde unter vierzehn Jahren unzüchtige Handlungen vornimmt oder es zur Verübung oder Duldung unzüchtiger Handlungen verleitet.

§ 245.

(§ 178.)
Todesfolge.

Hat eine der in den §§ 243, 244 bezeichneten Handlungen den Tod der verletzten Person zur Folge, so ist die Strafe Zuchthaus nicht unter zehn Jahren oder lebenslängliches Zuchthaus.

§ 246.

(§ 179.)
Erschleichung des Beischlafs.

Wer eine Frauensperson zur Gestattung des Beischlafs durch Vorspiegelung einer Eheschließung oder sonst durch Erregung oder Benutzung eines Irrtums bestimmt, in dem sie den Beischlaf für einen ehelichen hält, wird mit Zuchthaus bis zu fünf Jahren, bei mildernden Umständen mit Gefängnis nicht unter drei Monaten bestraft.

Die Verfolgung tritt nur auf Antrag ein.

§ 247.

(§ 174.)
Unzucht unter Mißbrauch eines Autoritätsverhältnisses.

Mit Zuchthaus bis zu fünf Jahren, bei mildernden Umständen mit Gefängnis nicht unter sechs Monaten werden bestraft:

1. Eltern, Adoptiv- und Pflegeeltern, Vormünder und Pfleger, die mit ihren minderjährigen Kindern oder Pflegebefohlenen, Geistliche, Lehrer oder Erzieher, die mit ihren minderjährigen Schülern oder Zöglingen unzüchtige Handlungen vornehmen;
2. Beamte, die mit Personen, gegen welche sie ein Strafverfahren zu führen haben, oder welche ihrer Obhut anvertraut sind, unzüchtige Handlungen vornehmen;
3. Inhaber oder Leiter von öffentlichen oder privaten Anstalten zur Pflege oder Behandlung von Kranken, Armen oder anderen Hilfsbedürftigen, Ärzte oder andere Medizinalpersonen, Beamte oder andere Angestellte, die in solchen Anstalten oder in Gefängnissen oder in Erziehungs-, Rettungs- oder Besserungsanstalten beschäftigt sind, wenn sie mit den in das Gefängnis oder in die Anstalt aufgenommenen Personen unzüchtige Handlungen vornehmen.

§ 248.

(§ 182.)
Verführung.

Wer ein unbescholtenes Mädchen unter sechzehn Jahren zum Beischlaf verführt, wird mit Gefängnis oder Haft bis zu einem Jahr bestraft.

Die Verfolgung tritt nur auf Antrag ein.

Die Strafbarkeit fällt weg, wenn der Täter mit der Verletzten die Ehe geschlossen hat.

§ 249.

(§ 173.)
Blutschande.

Der Beischlaf zwischen Verwandten auf- und absteigender Linie wird an den ersteren mit Zuchthaus bis zu fünf Jahren, an den letzteren mit Gefängnis bis zu zwei Jahren, der Beischlaf zwischen Verschwägerten auf- und absteigender Linie sowie zwischen Geschwistern wird mit Gefängnis bis zu zwei Jahren bestraft.

Verwandte und Verschwägerte absteigender Linie können straflos gelassen werden, wenn sie das achtzehnte Lebensjahr noch nicht vollendet haben.

(§ 175.)
Widernatürliche Unzucht.

§ 250.

Die widernatürliche Unzucht mit einer Person gleichen Geschlechts wird mit Gefängnis bestraft.

Ist die Tat unter Mißbrauch eines durch Amts- oder Dienstgewalt oder in ähnlicher Weise begründeten Abhängigkeitsverhältnisses begangen, so tritt Zuchthaus bis zu fünf Jahren, bei mildernden Umständen Gefängnis nicht unter sechs Monaten ein.

Dieselbe Strafe trifft denjenigen, der aus dem Betriebe der widernatürlichen Unzucht ein Gewerbe macht.

Die Strafe des Abs. 1 findet auch auf die widernatürliche Unzucht mit Tieren Anwendung.

(§ 180.)
Einfache Kuppelei.

§ 251.

Wer gewohnheitsmäßig oder aus Eigennutz der Unzucht Vorschub leistet, wird mit Gefängnis bestraft.

Diese Vorschrift findet auf die Gewährung von Wohnung keine Anwendung, sofern nicht der Täter mit Rücksicht auf die Duldung der Unzucht einen unverhältnismäßigen Gewinn zu erzielen sucht.

(§ 181.)
Schwere Kuppelei.

§ 252.

Wer der Unzucht mit seiner Ehefrau oder mit einer Person Vorschub leistet, die zu ihm in einem der im § 247 Ziff. 1 bezeichneten Verhältnisse steht, wird mit Zuchthaus bis zu fünf Jahren, bei mildernden Umständen mit Gefängnis bestraft.

(§ 181.)
Frauenhandel und Kuppelei mit hinterlistigen Kunstgriffen.

§ 253.

Wer

1. ein Gewerbe daraus macht, Frauenspersonen der Unzucht zuzuführen,
2. zur Begehung der Kuppelei (§§ 251, 252) hinterlistige Kunstgriffe anwendet,

wird mit Zuchthaus bis zu fünf Jahren, bei mildernden Umständen mit Gefängnis nicht unter sechs Monaten bestraft.

(§ 181 a.)
Zuhälterei.

§ 254.

Eine männliche Person, welche von einer Frauensperson, die gewerbsmäßig Unzucht treibt, unter Ausbeutung ihres unsittlichen Erwerbes ganz oder teilweise den Lebensunterhalt bezieht, oder welche einer solchen Frauensperson gewohnheitsmäßig oder aus Eigennutz in bezug auf die Ausübung des unzüchtigen Gewerbes Schutz gewährt oder sonst förderlich ist, wird als Zuhälter mit Gefängnis nicht unter einem Monat, in besonders schweren Fällen (§ 84) mit Gefängnis nicht unter einem Jahr bestraft.

(§ 181 a.)
Sichernde Maßnahmen.

§ 255.

In den Fällen des § 250 Abs. 3, sowie der §§ 251 bis 254 finden die Vorschriften der §§ 42 und 53 Anwendung.

(§ 183.)
Ärgernis durch unzüchtige Handlungen.

§ 256.

Wer öffentlich eine unzüchtige Handlung begeht, die geeignet ist, Ärgernis zu erregen, wird mit Gefängnis oder Haft bis zu zwei Jahren oder mit Geldstrafe bis zu dreitausend Mark bestraft.

§ 257.

(§ 184, § 184a.)
Unzüchtige Schriften, Abbildungen usw.

Mit Gefängnis oder Haft bis zu zwei Jahren oder mit Geldstrafe bis zu dreitausend Mark wird bestraft, wer

1. unzüchtige Schriften, Abbildungen oder Darstellungen feilhält, verkauft, verteilt, an Orten, welche dem Publikum zugänglich sind, ausstellt oder anschlägt oder sonst verbreitet, sie zum Zwecke der Verbreitung herstellt oder zu demselben Zwecke vorrätig hält, ankündigt oder anpreist;
2. unzüchtige oder das Schamgefühl gröblich verletzende Schriften, Abbildungen oder Darstellungen einer Person unter sechzehn Jahren gegen Entgelt überläßt oder anbietet;
3. Gegenstände, die zu unzüchtigem Gebrauch bestimmt sind, an Orten, die dem Publikum zugänglich sind, ausstellt oder solche Gegenstände dem Publikum ankündigt oder anpreist;
4. öffentliche Ankündigungen erläßt, die dazu bestimmt sind, unzüchtigen Verkehr herbeizuführen.

§ 258.

(§ 184b.)
Anstößige Berichte aus Gerichtsverhandlungen.

Wer aus Gerichtsverhandlungen, für die wegen Gefährdung der Sittlichkeit die Öffentlichkeit ausgeschlossen war, oder aus den diesen Verhandlungen zu Grunde liegenden amtlichen Schriftstücken öffentlich Mitteilungen macht, die geeignet sind, Ärgernis zu erregen, wird mit Geldstrafe bis zu eintausend Mark oder mit Haft oder Gefängnis bis zu sechs Monaten bestraft.

21. Abschnitt.

Ehrverletzung und Verletzung fremder Geheimnisse.

§ 259.

(§§ 185, 186.)
Beleidigung.

Die Beleidigung wird mit Geldstrafe bis zu dreitausend Mark oder mit Haft oder Gefängnis bis zu zwei Jahren, in besonders schweren Fällen (§ 84) mit Gefängnis bis zu drei Jahren oder mit Haft oder mit Geldstrafe bis zu zehntausend Mark bestraft. In besonders leichten Fällen (§ 83) kann von Strafe abgesehen werden.

§ 260.

(§ 186.)
Wahrheitsbeweis.

Besteht die Beleidigung in der Behauptung oder Verbreitung einer ehrenrührigen Tatsache, so bleibt der Täter straflos, wenn die Tatsache wahr ist, und sich nicht aus der Form oder den Umständen, unter denen die Äußerung geschah, ergibt, daß der Täter in der Absicht der Beleidigung gehandelt hat.

Diese Vorschrift findet keine Anwendung, wenn die Beleidigung öffentlich oder durch Verbreitung von Schriften, Abbildungen oder Darstellungen begangen ist und lediglich Verhältnisse des Privatlebens betrifft, die das öffentliche Interesse nicht berühren.

(§ 190.)

Ist die Tatsache eine strafbare Handlung, und hat wegen dieser ein Strafverfahren stattgefunden, so gilt ihre Wahrheit durch die rechtskräftige Verurteilung für erwiesen und durch die rechtskräftige Freisprechung für widerlegt.

(§ 187.)
Verleumdung.

§ 261.

Ist die Tatsache (§ 260) unwahr, und hat der Täter sie wider besseres Wissen behauptet oder verbreitet, so ist die Strafe Gefängnis, neben dem auf Geldstrafe bis zu zehntausend Mark erkannt werden kann. Auch kann auf Verlust der bürgerlichen Ehrenrechte (§ 45) erkannt werden.

(§ 189.)
Beschimpfung des Andenkens Verstorbener.

§ 262.

Die Vorschrift des § 259 findet auf die Beschimpfung des Andenkens eines Verstorbenen entsprechende Anwendung, wenn die Beschimpfung eine gröbliche und böswillige war oder durch Behauptung oder Verbreitung unwahrer ehrenrühriger Tatsachen wider besseres Wissen begangen ist.

(§ 193.)
Wahrnehmung berechtigter Interessen.

§ 263.

Tadelnde Urteile über wissenschaftliche, künstlerische oder gewerbliche Leistungen, sowie Äußerungen, die in Erfüllung von Rechtspflichten, in Ausübung rechtlicher Befugnisse oder zur Wahrnehmung von Rechten oder berechtigten Interessen gemacht sind, oder ähnliche Fälle sind nur insofern strafbar, als die Absicht der Beleidigung aus der Form der Äußerung oder aus den Umständen, unter denen sie geschah, hervorgeht.

Diese Vorschrift findet auf die Behauptung oder Verbreitung unwahrer ehrenrühriger Tatsachen wider besseres Wissen (§§ 261, 262) keine Anwendung.

(§§ 194, 195, 196.)
Strafantrag und Ermächtigung.

§ 264.

In den Fällen der §§ 259 bis 262 tritt die Strafverfolgung nur auf Antrag ein. Ist eine Ehefrau beleidigt, so ist auch ihr Ehemann zur Stellung des Antrags berechtigt. Im Falle des § 262 steht die Berechtigung dem hinterbliebenen Ehegatten und den Kindern, in Ermangelung dieser Personen den Eltern, Großeltern, Enkelkindern und Geschwistern des Verstorbenen zu. Der Antrag kann zurückgenommen werden.

Wegen Beleidigung einer Behörde, eines Beamten, Religionsdieners oder Mitglieds der bewaffneten Macht, die diesen in Ausübung ihres Berufs zugefügt oder die in Beziehung auf diese Ausübung begangen ist, sind auch ihre Vorgesetzten zur Stellung des Antrags berechtigt.

Ist eine gesetzgebende Versammlung oder eine andere politische Körperschaft beleidigt, so tritt die Verfolgung nur mit deren Ermächtigung ein.

(§ 198.)
Wechselseitige Beleidigungen.

§ 265.

Ist bei wechselseitigen Beleidigungen von einem Teil auf Bestrafung angetragen worden, so ist der andere Teil bei Verlust seines Rechtes verpflichtet, den Antrag auf Bestrafung spätestens vor Schluß der Hauptverhandlung erster Instanz zu stellen, hierzu aber auch dann berechtigt, wenn in jenem Zeitpunkt die dreimonatige Frist bereits abgelaufen war.

(§ 200.)
Urteilsbekanntmachung.

§ 266.

Auf sein Ansuchen kann dem Antragsteller die Befugnis zugesprochen werden, die Verurteilung auf Kosten des Verurteilten öffentlich bekannt zu machen. Die Art der Bekanntmachung ist in dem Urteil zu bestimmen. Die zugesprochene Befugnis erlischt, wenn die öffentliche Bekanntmachung nicht innerhalb eines Monats nach Zustellung des rechtskräftigen Urteils bewirkt wird.

Ist die Beleidigung in einer Zeitung oder Zeitschrift erfolgt, so ist mindestens der verfügende Teil des Urteils auf Ansuchen des Antragstellers durch die öffentlichen Blätter bekannt zu machen, und zwar wenn möglich durch dieselbe Zeitung oder Zeitschrift, in demselben Teile und mit derselben Schrift, wie der Abdruck der Beleidigung geschehen ist.

§ 267.

(§ 299.) Verletzung des Briefgeheimnisses.

Wer unbefugt einen verschlossenen Brief oder ein anderes verschlossenes Schriftstück öffnet, wird mit Geldstrafe bis zu eintausend Mark oder mit Haft oder Gefängnis bis zu sechs Monaten bestraft.

Die Verfolgung tritt nur auf Antrag ein.

§ 268.

(§ 300.) Verletzung von Privatgeheimnissen.

Personen, die zur Ausübung der Heilkunde, Geburtshilfe, Krankenpflege, des Apothekergewerbes oder zur Beratung oder Vertretung in Rechtsangelegenheiten oder zur Beurkundung von Rechtsgeschäften öffentlich bestellt oder zugelassen sind, sowie die Gehilfen dieser Personen werden mit Geldstrafe bis zu zweitausend Mark oder mit Haft oder Gefängnis bis zu sechs Monaten bestraft, wenn sie unbefugt Privatgeheimnisse offenbaren, die ihnen kraft ihres Berufs anvertraut oder zugänglich geworden sind.

Die Verfolgung tritt nur auf Antrag ein.

Viertes Buch.

Verbrechen und Vergehen gegen das Vermögen.

22. Abschnitt.

Diebstahl und Unterschlagung.

§ 269.

(§ 242.) Diebstahl.

Wer eine fremde bewegliche Sache aus dem Gewahrsam eines anderen wegnimmt, um sie sich rechtswidrig zuzueignen, wird wegen Diebstahls mit Gefängnis, in besonders schweren Fällen (§ 84) mit Zuchthaus bis zu zehn Jahren bestraft. Die Vorschrift des § 42 findet Anwendung.

Der Versuch ist strafbar.

§ 270.

(§ 243.) Diebstahl unter erschwerenden Umständen.

Ist der Diebstahl begangen

1. aus einem zum Gottesdienst bestimmten Gebäude an Sachen, die dem Gottesdienst gewidmet sind,
2. an Sachen, die in Sammlungen zur öffentlichen Besichtigung ausgestellt sind,

3. aus Räumlichkeiten oder Beförderungsmitteln einer dem öffentlichen Verkehr dienenden Eisenbahn oder der Post an Sachen, die entweder zur Beförderung bestimmt oder darin begriffen sind, oder die ein Reisender mit sich führt oder bei sich trägt,
4. durch Einbruch, Einsteigen, Erbrechen von Behältnissen, Anwendung falscher Schlüssel oder sonst durch Überwindung erheblicher die Sache gegen Wegnahme sichernder Hindernisse,
5. in einer für die persönliche Sicherheit anderer gefährlichen Art, insbesondere unter Mitführung von Waffen oder Betäubungsmitteln oder zur Nachtzeit in einem bewohnten Gebäude oder einer Wohnung, in die der Täter sich unberechtigt Eingang verschafft hat,
6. von mehreren bandenmäßig,
7. von einer Person, die das Stehlen gewerbs- oder gewohnheitsmäßig betreibt,

so ist auf Zuchthaus bis zu zehn Jahren, bei mildernden Umständen auf Gefängnis nicht unter drei Monaten, in besonders schweren Fällen (§ 84) auf Zuchthaus nicht unter zwei Jahren zu erkennen.

(§ 246.)
Unterschlagung.

§ 271.

Wer eine fremde bewegliche Sache, die sich nicht im Gewahrsam eines anderen befindet, sich rechtswidrig zueignet, wird wegen Unterschlagung mit Gefängnis oder Haft bis zu zwei Jahren oder mit Geldstrafe bis zu zweitausend Mark bestraft.

Der Versuch ist strafbar.

War die Sache dem Täter anvertraut, so ist die Strafe Gefängnis oder Haft oder Geldstrafe bis zu fünftausend Mark, in besonders schweren Fällen (§ 84) Zuchthaus bis zu fünf Jahren.

(§ 370 Ziff. 5.)
Entwendung.

§ 272.

Ist der Diebstahl oder die Unterschlagung an Nahrungs- oder Genußmitteln oder an Gegenständen des wirtschaftlichen Gebrauchs oder Verbrauchs begangen, und hat der Täter aus Not oder zur Befriedigung eines Gelüstes gehandelt, so ist er, wenn die Sachen nur von geringem Werte waren, wegen Entwendung mit Geldstrafe bis zu eintausend Mark oder mit Haft oder Gefängnis bis zu sechs Monaten zu bestrafen; in besonders leichten Fällen (§ 83) kann von Strafe abgesehen werden.

Die Verfolgung tritt nur auf Antrag ein. Der Antrag kann zurückgenommen werden.

(§ 247.)
Haus- und Familiendiebstahl.

§ 273.

Wer einen Diebstahl, eine Entwendung oder eine Unterschlagung gegen einen Verwandten absteigender Linie oder gegen seinen Ehegatten begeht, bleibt straflos.

Wer eine solche Handlung gegen einen anderen Angehörigen, gegen seinen Vormund, Pfleger oder Erzieher begeht, oder wer einer Person, zu der er im Lehrlingsverhältnis steht, oder in deren häuslicher Gemeinschaft er lebt, Sachen von unbedeutendem Werte stiehlt, entwendet oder unterschlägt, ist nur auf Antrag zu verfolgen. Der Antrag kann zurückgenommen werden.

23. Abschnitt.

Raub und Erpressung.

§ 274.

(§§ 249, 252, 255.) Raub und räuberische Erpressung.

Wer mit Gewalt gegen eine Person oder unter Anwendung von Drohungen mit gegenwärtiger persönlicher Gefahr einem anderen eine fremde bewegliche Sache wegnimmt oder abnötigt, um sie sich rechtswidrig zuzueignen, wird wegen Raubes mit Zuchthaus, bei mildernden Umständen mit Gefängnis nicht unter drei Monaten bestraft. In besonders schweren Fällen (§ 84) ist die Strafe Zuchthaus nicht unter fünf Jahren, und wenn durch die Handlung der Tod eines Menschen verursacht ist, Zuchthaus nicht unter zehn Jahren oder lebenslängliches Zuchthaus.

Dieselbe Strafe trifft denjenigen, welcher, auf einem Diebstahl betroffen, gegen eine Person Gewalt oder Drohungen mit gegenwärtiger persönlicher Gefahr anwendet, um sich im Besitze des gestohlenen Gutes zu erhalten.

§ 275.

(§§ 253, 254, 255.) Erpressung.

Wer, abgesehen von den Fällen des § 274, in der Absicht, sich oder einem Dritten unrechtmäßigen Gewinn zu verschaffen, einem anderen durch Gewalt oder durch Drohung einen Vermögensvorteil abnötigt, wird mit Gefängnis bestraft. Die Vorschrift des § 42 findet Anwendung.

Der Versuch ist strafbar.

In besonders schweren Fällen (§ 84) ist die Strafe Zuchthaus bis zu fünf Jahren.

24. Abschnitt.

Betrug und Untreue.

§ 276.

(§ 263.) Betrug.

Wer in der Absicht, sich oder einem Dritten unrechtmäßigen Gewinn zu verschaffen, fremdes Vermögen dadurch beschädigt, daß er jemand durch arglistige Täuschung zu einer Verfügung darüber bestimmt, wird mit Gefängnis oder mit Geldstrafe bis zu zehntausend Mark, in besonders schweren Fällen (§ 84) mit Zuchthaus bis zu fünf Jahren bestraft. Die Vorschrift des § 42 findet Anwendung.

Der Versuch ist strafbar.

Betreibt der Täter den Betrug gewerbs- oder gewohnheitsmäßig, so ist die Strafe Zuchthaus bis zu zehn Jahren, bei mildernden Umständen Gefängnis nicht unter drei Monaten, in besonders schweren Fällen (§ 84) Zuchthaus nicht unter zwei Jahren.

§ 277.

(§ 266.) Untreue.

Wer absichtlich das Vermögen eines anderen dadurch beschädigt, daß er die ihm durch Gesetz oder Rechtsgeschäft eingeräumte Befugnis, über dieses Vermögen zu verfügen, mißbraucht, wird mit Gefängnis oder Haft oder mit Geldstrafe bis zu zehntausend Mark bestraft.

(§ 263 Abs. 4.)

§ 278.

Wer Betrug oder Untreue gegen Angehörige, gegen seinen Vormund, Pfleger oder Erzieher begeht, ist nur auf Antrag zu verfolgen. Der Antrag kann zurückgenommen werden.

Das Gleiche gilt, wenn die Handlung gegen eine Person begangen wird, zu welcher der Täter im Lehrlingsverhältnis steht oder in deren häuslicher Gemeinschaft er lebt, sofern die Vermögensbeschädigung unbedeutend ist.

(Neu.)

§ 279.

Erschleichung freier Fahrt, Zechprellerei usw.

Mit Geldstrafe bis zu eintausend Mark oder mit Haft oder Gefängnis bis zu sechs Monaten wird bestraft:

1. wer den nur gegen Entgelt gestatteten Zutritt zu einer Vorstellung, Ausstellung oder ähnlichen Veranstaltung, zur Beförderung durch eine Verkehrsanstalt oder zu einer anderen zur allgemeinen Benutzung bestimmten Einrichtung arglistig erschleicht;
2. wer Nahrungs- oder Genußmittel oder sonstige Wirtschaftsgegenstände zum alsbaldigen Verbrauch oder wer eine Unterkunft oder Dienstleistungen, die nach der Verkehrssitte sofort zu bezahlen sind, in der Absicht sich gewähren läßt, die Zahlung nicht zu leisten, sofern der Schaden unbedeutend ist.

Die Verfolgung tritt nur auf Antrag ein. Der Antrag kann zurückgenommen werden.

25. Abschnitt.

Begünstigung und Hehlerei.

(§§ 257, 258.)

§ 280.

Begünstigung.

Wer vorsätzlich einem anderen nach Begehung eines Verbrechens oder Vergehens Beistand leistet, um ihm die Vorteile der Tat zu sichern, wird wegen Begünstigung mit Gefängnis bis zu drei Jahren oder mit Haft oder mit Geldstrafe bis zu fünftausend Mark bestraft.

(§§ 259, 260.)

§ 281.

Hehlerei.

Wer vorsätzlich, um sich Gewinn zu verschaffen, Sachen, die durch eine strafbare Handlung erlangt sind, verheimlicht, ankauft, zum Pfande nimmt oder sonst an sich bringt oder zu deren Absatz bei anderen mitwirkt, wird wegen Hehlerei mit Gefängnis oder mit Haft oder mit Geldstrafe bis zu fünftausend Mark, in besonders schweren Fällen (§ 84) mit Zuchthaus bis zu fünf Jahren bestraft. Den Sachen stehen ihr Erlös sowie die für sie angeschafften Gegenstände gleich. Die Vorschrift des § 42 findet Anwendung.

Betreibt der Täter die Hehlerei gewerbs- oder gewohnheitsmäßig, so ist die Strafe Zuchthaus bis zu zehn Jahren, bei mildernden Umständen Gefängnis nicht unter drei Monaten, in besonders schweren Fällen (§ 84) Zuchthaus nicht unter zwei Jahren.

26. Abschnitt.

Urkundenfälschung.

§ 282. (§§ 267 bis 270.)

Urkundenfälschung.

Wer eine Urkunde fälschlich anfertigt oder verfälscht, um sie zur Täuschung eines anderen über Rechte oder Rechtsverhältnisse zu gebrauchen, wird mit Gefängnis bis zu zwei Jahren, bei mildernden Umständen mit Haft bis zu zwei Jahren oder mit Geldstrafe bis zu dreitausend Mark bestraft.

Wer in der gleichen Absicht von einer falschen Urkunde Gebrauch macht, wird mit Gefängnis bestraft.

Bezweckte der Täter, sich oder einem anderen unrechtmäßigen Gewinn zu verschaffen oder einem anderen rechtswidrig Nachteil zuzufügen, so ist die Strafe Zuchthaus bis zu zehn Jahren, bei mildernden Umständen Gefängnis.

§ 283. (§ 363.)

Fälschung von Ausweispapieren.

Wer, um sich oder einem anderen das Fortkommen zu erleichtern, Ausweispapiere oder Zeugnisse fälschlich anfertigt oder verfälscht oder wissentlich von falschen Schriften solcher Art Gebrauch macht, wird mit Gefängnis oder Haft bis zu sechs Monaten oder mit Geldstrafe bis zu eintausend Mark bestraft.

Dieselbe Strafe trifft denjenigen, welcher zu gleichem Zwecke echte für einen anderen ausgestellte Ausweispapiere oder Zeugnisse gebraucht oder einem anderen solche nicht für diesen ausgestellte Schriften überläßt.

§ 284. (§§ 275, 276, 364.)

Fälschung und Mißbrauch von amtlichen Wertzeichen.

Wer amtliche Wertzeichen, insbesondere Post-, Telegraphen- oder Stempelmarken oder andere Steuerzeichen fälschlich anfertigt oder verfälscht, um sie als echte zu verwenden, oder wer zu demselben Zwecke falsche Wertzeichen solcher Art sich verschafft, verwendet, feilhält oder in Verkehr bringt, wird mit Gefängnis nicht unter einem Monat, bei mildernden Umständen mit Gefängnis bis zu drei Jahren oder Haft bestraft.

Wer wissentlich bereits verwendete Wertzeichen dieser Art wiederverwendet oder zum Zwecke der Wiederverwendung sich verschafft, feilhält oder in Verkehr bringt, wird mit Gefängnis oder Haft bis zu sechs Monaten oder mit Geldstrafe bis zu eintausend Mark bestraft.

Wer zum Zwecke eines der vorbezeichneten Vergehen zu dessen Ausführung dienliche Gerätschaften anfertigt, sich verschafft oder einem anderen überläßt, wird mit Gefängnis oder Haft bis zu einem Jahr oder mit Geldstrafe bis zu dreitausend Mark bestraft.

Auf die Einziehung von falschen, verfälschten, wiederverwendeten oder zur Wiederverwendung bestimmten Wertzeichen sowie von Gerätschaften der vorbezeichneten Art ist zu erkennen, auch wenn die Verfolgung oder Verurteilung einer bestimmten Person nicht stattfindet.

Die etwa wegen Hinterziehung der Abgaben oder Gebühren verwirkten Strafen bleiben unberührt.

(§§ 271 bis 278.)
Mittelbare Falschbeurkundung.

§ 285.

Wer vorsätzlich bewirkt, daß in einer öffentlichen Urkunde eine rechtlich erhebliche Tatsache unrichtig beurkundet wird, oder wer eine unrichtige Beurkundung solcher Art zur Täuschung eines anderen gebraucht, wird mit Gefängnis oder Haft bis zu einem Jahr oder mit Geldstrafe bis zu dreitausend Mark bestraft.

Liegen die Voraussetzungen des § 282 Abs. 3 vor, so ist die Strafe Zuchthaus bis zu fünf Jahren, bei mildernden Umständen Gefängnis.

(§§ 278, 279.)
Ausstellung und Gebrauch unrichtiger Gesundheitszeugnisse.

§ 286.

Ärzte, die ein unrichtiges Zeugnis über den Gesundheitszustand oder die Todesursache eines Menschen zum Gebrauch bei einer Behörde, einer öffentlichen Versicherungsanstalt oder einer anderen Versicherungsunternehmung wider besseres Wissen ausstellen, werden mit Gefängnis oder Haft bis zu zwei Jahren bestraft.

Mit Gefängnis oder Haft bis zu einem Jahr oder mit Geldstrafe bis zu dreitausend Mark wird bestraft, wer ein unrichtiges Zeugnis solcher Art zur Täuschung einer Behörde, einer öffentlichen Versicherungsanstalt oder einer anderen Versicherungsunternehmung gebraucht.

(§ 274 Nr. 1.)
Urkundenunterdrückung.

§ 287.

Wer eine Urkunde, die ihm nicht oder nicht ausschließlich gehört, in der Absicht, einem anderen Nachteil zuzufügen, beschädigt, vernichtet oder unterdrückt, wird mit Gefängnis, bei mildernden Umständen mit Haft bis zu zwei Jahren oder mit Geldstrafe bis zu dreitausend Mark bestraft.

(§ 274 Nr. 2.)
Grenzverrückung.

§ 288.

Wer, um einem anderen Nachteil zuzufügen, einen Grenzstein oder ein anderes zur Bezeichnung einer Grenze oder eines Wasserstandes bestimmtes Merkmal beseitigt, unkenntlich macht, verrückt oder falsch setzt, wird mit Gefängnis, bei mildernden Umständen mit Haft bis zu zwei Jahren oder mit Geldstrafe bis zu dreitausend Mark bestraft.

27. Abschnitt.

Sachbeschädigung und Vermögensbeschädigung.

(§ 303.)
Sachbeschädigung.

§ 289.

Wer vorsätzlich eine fremde Sache beschädigt oder zerstört, wird mit Geldstrafe bis zu dreitausend Mark oder mit Haft oder Gefängnis bis zu zwei Jahren, in besonders schweren Fällen (§ 84) mit Gefängnis nicht unter drei Monaten bestraft.

Der Versuch ist strafbar.

(§§ 168, 304.)
Gemeinschädliche Sachbeschädigung.

§ 290.

Ist die Handlung an einem Gegenstande der Verehrung einer im Staate bestehenden Religionsgesellschaft oder an einer dem Gottesdienst gewidmeten Sache begangen, oder an einem Grabe oder an einer anderen Beisetzungsstätte, an einem Grabmal, öffentlichen

Denkmal oder an Sachen, die in Sammlungen zur öffentlichen Besichtigung ausgestellt sind oder die zur Verschönerung öffentlicher Wege, Plätze oder Anlagen oder sonst zum öffentlichen Nutzen dienen, so ist die Strafe Gefängnis bis zu drei Jahren oder Haft oder Geldstrafe bis zu fünftausend Mark, in besonders schweren Fällen (§ 84) Gefängnis nicht unter sechs Monaten.

§ 291.

(Neu.) Böswillige Vermögensbeschädigung durch arglistige Täuschung.

Wer böswillig das Vermögen eines anderen dadurch beschädigt, daß er durch arglistige Täuschung jemand zu einer Verfügung darüber bestimmt, wird mit Geldstrafe bis zu dreitausend Mark oder mit Haft oder Gefängnis bis zu zwei Jahren bestraft.

§ 292.

(§ 303 Abs. 3, 4.) Strafantrag.

In den Fällen der §§ 289, 291 tritt die Verfolgung nur auf Antrag ein. Hat der Täter die Handlung gegen eine der im § 273 bezeichneten Personen begangen, so kann der Antrag zurückgenommen werden.

§ 293.

(§ 288.) Vollstreckungsvereitelung.

Ein Schuldner, der bei einer ihm drohenden Zwangsvollstreckung in der Absicht, die Befriedigung des Gläubigers zu vereiteln, Bestandteile seines Vermögens veräußert oder beiseiteschafft, wird mit Gefängnis oder Haft bis zu zwei Jahren oder mit Geldstrafe bis zu dreitausend Mark bestraft.

Dieselbe Strafe trifft denjenigen, der die vorbezeichnete Handlung zu Gunsten des Schuldners vornimmt.

Die Verfolgung tritt nur auf Antrag ein.

§ 294.

(§ 289.) Rechtsvereitelung.

Wer absichtlich demjenigen, welchem an einer beweglichen Sache ein Nießbrauchsrecht, Pfandrecht, Gebrauchsrecht oder Zurückbehaltungsrecht zusteht, durch Wegnahme oder Zerstörung der Sache die Ausübung des Rechtes vereitelt, wird mit Gefängnis oder Haft bis zu zwei Jahren oder mit Geldstrafe bis zu dreitausend Mark bestraft.

Der Versuch ist strafbar.

Die Verfolgung tritt nur auf Antrag ein.

Wer die Handlung gegen einen Verwandten absteigender Linie oder gegen seinen Ehegatten begeht, bleibt straflos.

§ 295.

(§§ 292 bis 295, 368 Nr. 11.) Jagdwilderei.

Wer an Orten, an denen zu jagen er nicht berechtigt ist, die Jagd ausübt, wird mit Geldstrafe bis zu eintausend Mark oder mit Haft oder Gefängnis bis zu sechs Monaten, in besonders schweren Fällen (§ 84) mit Gefängnis bis zu einem Jahr bestraft.

Ist der Täter ein Angehöriger des Jagdberechtigten, so tritt die Verfolgung nur auf Antrag ein. Der Antrag kann zurückgenommen werden.

Betreibt der Täter das unberechtigte Jagen gewerbs- oder gewohnheitsmäßig, so ist die Strafe Gefängnis nicht unter drei Monaten.

(§§ 296, 370 Nr. 4.)
Fischwilderei.

§ 296.

Wer an Orten fischt, an denen zu fischen er nicht berechtigt ist, wird mit Geldstrafe bis zu fünfhundert Mark oder mit Haft oder Gefängnis bis zu drei Monaten, in besonders schweren Fällen (§ 84) mit Gefängnis oder Haft bis zu sechs Monaten bestraft. In besonders leichten Fällen (§ 83) kann von Strafe abgesehen werden.

Ist der Täter ein Angehöriger des Fischereiberechtigten, so tritt die Verfolgung nur auf Antrag ein. Der Antrag kann zurückgenommen werden.

Betreibt der Täter das unberechtigte Fischen gewerbs- oder gewohnheitsmäßig, so ist die Strafe Gefängnis bis zu zwei Jahren.

(§ 296 a.)
Küstenfischerei.

§ 297.

Ausländer, die unbefugt in deutschen Küstengewässern fischen, werden mit Geldstrafe bis zu zweitausend Mark oder mit Haft oder Gefängnis bis zu drei Monaten, in besonders schweren Fällen (§ 84) mit Haft oder Gefängnis bis zu sechs Monaten bestraft.

(§§ 295, 296 a.)
Einziehung.

§ 298.

Auf Einziehung der Jagdgeräte und Hunde sowie der Fischereigeräte, die der Täter bei sich geführt hat, ist zu erkennen ohne Unterschied, ob sie dem Verurteilten gehören oder nicht.

Im Falle des § 297 sind auch die in dem Fahrzeug oder seinem Zubehör enthaltenen Fische einzuziehen.

28. Abschnitt.

Glücksspiel und Wucher.

(§ 284.)
Gewerbsmäßiges Glücksspiel usw.

§ 299.

Wer aus dem Glücksspiel ein Gewerbe macht, wird mit Gefängnis bis zu zwei Jahren, und wer aus der Förderung des Glücksspiels ein Gewerbe macht, wird mit Gefängnis oder Haft bis zu einem Jahr oder mit Geldstrafe bis zu zweitausend Mark bestraft.

Die Vorschrift der §§ 42, 53 findet Anwendung.

(§ 360 Nr. 14.)
Veranstaltung öffentlicher Glücksspiele.

§ 300.

Wer unbefugt öffentlich Glücksspiele veranstaltet, wird mit Geldstrafe bis zu eintausend Mark oder mit Haft oder Gefängnis bis zu einem Jahr bestraft.

Auf die Einziehung der auf dem Spieltisch oder in der Bank befindlichen Gelder kann erkannt werden, ohne Unterschied, ob sie dem Verurteilten gehören oder nicht.

(§ 286.)
Veranstaltung öffentlicher Lotterien usw.

§ 301.

Wer unbefugt öffentliche Lotterien oder Ausspielungen veranstaltet, wird mit Gefängnis oder Haft bis zu zwei Jahren oder mit Geldstrafe bis zu dreitausend Mark bestraft.

(§§ 302 a und b.)
Kreditwucher.

§ 302.

Wer unter Ausbeutung der Notlage, des Leichtsinns oder der Unerfahrenheit eines anderen in bezug auf ein Darlehn, auf die

Stundung einer Geldforderung oder auf ein anderes zweiseitiges Rechtsgeschäft, welches denselben wirtschaftlichen Zwecken dienen soll, sich oder einem Dritten Vermögensvorteile versprechen oder gewähren läßt, die den üblichen Zinsfuß dergestalt übersteigen, daß sie in auffälligem Mißverhältnis zu der Leistung stehen, wird wegen Wuchers mit Gefängnis bis zu drei Jahren bestraft.

Dieselbe Strafe trifft denjenigen, welcher eine von ihm erworbene Forderung der bezeichneten Art veräußert oder die wucherlichen Vermögensvorteile aus ihr geltend macht. Hatte der Täter die Kenntnis des Sachverhalts erst nach dem Erwerb erlangt, so kann auf Geldstrafe bis zu fünftausend Mark erkannt werden. (§ 302 c.)

Betreibt der Täter wucherliche Handlungen der im Abs. 1 oder 2 bezeichneten Art gewerbs- oder gewohnheitsmäßig, so tritt Gefängnis nicht unter drei Monaten, in besonders schweren Fällen (§ 84) Zuchthaus bis zu fünf Jahren ein. (§ 302 d.)

§ 303.

(§ 302 e.) Sachwucher.

Wer gewerbs- oder gewohnheitsmäßig in bezug auf Rechtsgeschäfte anderer als der im § 302 Abs. 1 bezeichneten Art unter den dort angegebenen Voraussetzungen sich oder einem Dritten Vermögensvorteile versprechen oder gewähren läßt, die den Wert seiner Leistung dergestalt übersteigen, daß sie in auffälligem Mißverhältnis zu ihr stehen, wird mit Gefängnis nicht unter drei Monaten, in besonders schweren Fällen (§ 84) mit Zuchthaus bis zu fünf Jahren bestraft.

Dieselbe Strafe trifft denjenigen, welcher gewerbs- oder gewohnheitsmäßig von ihm erworbene Forderungen der vorbezeichneten Art weiter veräußert oder die wucherlichen Vermögensvorteile aus ihnen geltend macht.

§ 304.

(§ 302.) Verleitung Minderjähriger zu Schulden.

Wer abgesehen von den Fällen der §§ 302, 303 in gewinnsüchtiger Absicht unter Benutzung des Leichtsinns oder der Unerfahrenheit eines Minderjährigen von diesem sich oder einem Dritten die Zahlung einer Geldsumme oder eine geldwerte Leistung anderer Art versprechen oder sicherstellen läßt, wird mit Gefängnis bis zu einem Jahr oder mit Geldstrafe bis zu dreitausend Mark bestraft.

Dieselbe Strafe trifft denjenigen, welcher eine von ihm erworbene Forderung der vorbezeichneten Art weiter veräußert oder die Vermögensvorteile aus ihr geltend macht. Hatte der Täter die Kenntnis des Sachverhalts erst nach dem Erwerb erlangt, so ist nur auf die Geldstrafe zu erkennen.

Die Verfolgung tritt nur auf Antrag ein.

Fünftes Buch.

Übertretungen.

§ 305.

Mit Haft oder Gefängnis bis zu drei Monaten wird bestraft:

1. wer ohne Arbeit zu suchen oder, wenn er arbeitsunfähig ist, aus Hang zu ungeordnetem Leben mittellos im Lande (§ 361 [3].) Landstreichen.

umherzieht oder fortgesetzt sich an einem Orte ohne festes Unterkommen umhertreibt;

(§ 361 [4].) Betteln.

2. wer bettelt oder Kinder unter vierzehn Jahren zum Betteln anleitet oder ausschickt, oder Personen, die unter seiner Gewalt und Aufsicht stehen und zu seiner häuslichen Gemeinschaft gehören, vom Betteln abzuhalten unterläßt. Hat der Täter in einer Notlage gehandelt, die nicht auf Arbeitsscheu oder Liederlichkeit zurückzuführen ist, so kann, von Strafe abgesehen werden;

(§ 361 [7].) Arbeitsscheu.

3. wer, wenn er aus öffentlichen Armenmitteln eine Unterstützung empfängt, sich aus Arbeitsscheu weigert, die ihm von der Behörde angewiesene, seinen Kräften angemessene Arbeit zu verrichten;

(§ 361 [6].) Gewerbsunzucht.

4. eine Person, die, abgesehen von den Fällen des § 250 gewerbsmäßig Unzucht treibt, wenn sie die in dieser Hinsicht zur Sicherung der Gesundheit, der öffentlichen Ordnung oder des öffentlichen Anstandes erlassenen Vorschriften übertritt. Der Bundesrat bestimmt die Grundsätze, nach denen diese Vorschriften zu erlassen sind;

(§ 361 [1, 2].) Ortsverbot und Ausweisung.

5. wer einer Aufenthaltsbeschränkung oder der Ausweisung aus dem Reichsgebiet oder dem Gebiet eines Bundesstaats zuwiderhandelt.

§ 306.

Mit Geldstrafe bis zu dreihundert Mark oder mit Haft oder Gefängnis bis zu drei Monaten wird bestraft:

(§ 361 [10].) Unterhaltspflicht.

1. wer sich der ihm gesetzlich obliegenden Unterhaltungspflicht, zu deren Erfüllung er im stande ist, derart entzieht, daß der Unterhaltungsberechtigte durch Vermittelung der Behörde aus fremden Mitteln unterstützt werden muß;

(§ 361 [9].) Nichthindern gewisser strafbarer Handlungen.

2. wer Kinder unter vierzehn Jahren oder andere Personen, die unter seiner Gewalt oder Aufsicht stehen und zu seiner häuslichen Gemeinschaft gehören, von der Begehung von Diebstählen oder Entwendungen oder von strafbaren Verletzungen der Zoll- oder Steuergesetze oder der Gesetze zum Schutze der Forsten, der Feldfrüchte, der Jagd oder der Fischerei abzuhalten unterläßt. Die Vorschriften dieser Gesetze über die Haftbarkeit für die den Täter treffenden Geldstrafen oder anderen Geldleistungen werden hierdurch nicht berührt;

(Neu.) Gefährliche Trunkenheit.

3. wer sich durch eigenes Verschulden in einen Zustand von Trunkenheit versetzt, in dem er eine grobe Störung der öffentlichen Ordnung oder eine persönliche Gefahr für andere verursacht;

(Neu.) Tierschutz.

4. wer die zur Verhütung von Tierquälerei erlassenen Vorschriften übertritt;

(§ 367 [1].) Beseitigung von Leichen.

5. wer ohne Vorwissen der Behörde einen Leichnam bestattet oder beiseite schafft;

(§ 360 [1].) Festungsrisse

6. wer ohne besondere Erlaubnis Risse von Festungen oder einzelnen Festungswerken aufnimmt oder veröffentlicht;

7. wer den von der Militärbehörde erlassenen, an Ort und Stelle erkennbar gemachten Anordnungen zuwider Befestigungsanlagen, Anstalten des Heeres oder der Marine, Kriegsfahrzeuge oder militärische Versuchs- oder Übungsplätze betritt;
(R.G. 8. 7. 1898 § 8.) Unbefugtes Betreten von Befestigungsanlagen usw.

8. wer außerhalb seines Gewerbebetriebs heimlich oder gegen das Verbot der Behörde Vorräte von Waffen oder Schießbedarf ansammelt;
(§ 360 ^{2}.) Waffenvorräte.

9. wer bei einer Schlägerei, in die er nicht ohne sein Verschulden hineingezogen worden ist, oder bei einem Angriff sich einer Waffe, eines Messers oder eines anderen gefährlichen Werkzeugs bedient;
(§ 367 ^{10}.) Schlägerei mit Waffen usw.

10. wer durch falschen Notruf, durch Mißbrauch von Notsignalen oder wider besseres Wissen durch falsche Nachrichten oder Gerüchte vorsätzlich in der Bevölkerung Beunruhigung hervorruft;
(Neu.) Beunruhigung der Bevölkerung.

11. wer durch Schlägerei, Erregung von Unordnung oder anderes ungebührliches Verhalten vorsätzlich das Publikum belästigt.
(Neu.) Belästigung des Publikums.

§ 307.

Mit Geldstrafe bis zu zweihundert Mark oder mit Haft bis zu zwei Monaten wird bestraft:

1. wer unbefugt die Abbildung des Kaiserlichen Wappens, des Wappens eines Bundesfürsten oder eines Landeswappens gebraucht;
(§ 360 ^{7}.) Unbefugter Wappengebrauch.

2. wer unbefugt eine Uniform, eine Amtskleidung, ein Amtszeichen, einen Orden oder ein Ehrenzeichen trägt, oder Titel, Würden oder Adelsprädikate annimmt, oder wer sich eines ihm nicht zukommenden Namens einem zuständigen Beamten gegenüber bedient;
(§ 360 ^{8}.) Unbefugter Gebrauch von Uniformen, Orden, Titeln, Namen.

3. ein Unteroffizier oder Gemeiner der Reserve, Landwehr oder Seewehr I. Aufgebots oder der Ersatzreserve, der ohne Erlaubnis auswandert, oder ein Unteroffizier oder Gemeiner der Land- oder Seewehr II. Aufgebots, der auswandert, ohne von seiner bevorstehenden Auswanderung der Militärbehörde Anzeige erstattet zu haben;
(§ 360 ^{3}.) Auswandern Wehrpflichtiger.

4. wer von einem Unteroffizier oder Gemeinen des aktiven Heeres oder der aktiven Marine ohne die schriftliche Erlaubnis des vorgesetzten Befehlshabers militärische Bekleidungs- oder Ausrüstungsgegenstände kauft oder zum Pfande annimmt;
(§ 370 ^{3}.) Kauf von Uniformen.

5. wer die Vorschriften oder Anordnungen über vorzeitige Bestattungen übertritt;
(§ 367 ^{2}.) Vorzeitige Bestattung.

6. wer ohne polizeiliche Erlaubnis Gifte oder Arzneien, soweit der Handel damit nicht freigegeben ist, zubereitet, zum Verkauf vorrätig hält, feilhält, verkauft oder sonst abgibt;
(§ 367 ^{3}.) Zubereitung und Vertrieb von Giften und Arzneien.

7. wer ohne die vorgeschriebene Erlaubnis Schießpulver oder andere explodierende Stoffe oder Feuerwerk zubereitet;
(§ 367 ^{4}.) Zubereitung explodierender Stoffe.

(§ 367^{5}.) **Aufbewahrung und Beförderung von Giften und explodierenden Stoffen.**

8. wer bei der Aufbewahrung oder Beförderung von Giftwaren, Schießpulver oder Feuerwerk, oder bei der Aufbewahrung, Beförderung, Verausgabung oder Verwendung von Sprengstoffen oder anderen explodierenden Stoffen, oder bei Ausübung der Befugnis zur Zubereitung oder Feilhaltung dieser Gegenstände sowie der Arzneien die deshalb ergangenen Vorschriften übertritt;

(§ 367^{5a}.) **Gefährliche Postsendungen.**

9. wer bei Versendung oder Beförderung von leicht entzündlichen oder ätzenden Gegenständen durch die Post die deshalb ergangenen Vorschriften übertritt;

(§ 367^{6}.) **Feuergefährliche Vorräte.**

10. wer Waren oder andere Vorräte von Sachen, die sich leicht entzünden oder leicht Feuer fangen, an Orten oder in Behältnissen aufbewahrt, wo ihre Entzündung gefährlich werden kann, oder wer Stoffe, die nicht ohne Gefahr einer Entzündung beieinander liegen können, ohne Absonderung aufbewahrt;

(§ 368$^{3 \text{ bis } 8}$, § 369^{3}.) **Feuerpolizei.**

11. wer die zum Zwecke der Verhütung von Feuersgefahr erlassenen Vorschriften oder Anordnungen übertritt;

(§ 367$^{13 \text{ bis } 15}$.) **Baupolizei.**

12. wer die zum Zwecke der Sicherheit oder Gesundheit für Bauten oder deren Ausführung erlassenen Vorschriften oder Anordnungen übertritt;

(§ 366$^{2 \text{ bis } 5,\ 8 \text{ bis } 10}$.) **Straßenpolizei.**

13. wer die zum Zwecke der Sicherheit, Ordnung, Bequemlichkeit, Reinlichkeit oder Ruhe auf öffentlichen Wegen, Straßen, Plätzen oder Wasserstraßen erlassenen Vorschriften übertritt;

(§ 366^{9}.) **Uferschutz.**

14. wer die zum Schutze der Dünen, der Fluß- oder Meeresufer und der darauf vorhandenen Anpflanzungen oder Anlagen erlassenen Vorschriften übertritt.

§ 308.

Ebenso wird bestraft:

(Neu.) **Verbotener Wirtshausbesuch.**

1. wer ein gegen ihn erlassenes Wirtshausverbot (§ 43 Satz 1) übertritt;

(Neu.) **Verbotene Bewirtung.**

2. ein Wirt oder dessen Vertreter, der wissentlich an eine Person, welcher der Besuch der Wirtshäuser gemäß § 43 Satz 1 verboten ist, in seinen Räumlichkeiten geistige Getränke verabreicht;

(§ 360$^{4,\ 5}$.) **Gefährdung des Geld- und Urkundenverkehrs.**

3. wer Stempel, Siegel, Stiche, Platten oder andere Formen, die zur Herstellung von Metall- oder Papiergeld oder von solchen Papieren, die dem Papiergeld gleichstehen (§ 164), von amtlichen Wertzeichen (§ 284), von öffentlichen Bescheinigungen oder Beglaubigungen dienen können, oder wer Abdrücke der bezeichneten Formen oder Formulare zu den genannten öffentlichen Papieren, Beglaubigungen oder Bescheinigungen ohne schriftliche Erlaubnis einer Behörde anfertigt, sich verschafft oder an einen anderen als die Behörde überläßt;

(§ 360^{6}.) **Sogenannte Blüten usw.**

4. wer Warenempfehlungskarten, Ankündigungen oder andere Drucksachen oder Abbildungen, die im Verkehr leicht mit Papiergeld oder solchen Papieren, die dem Papiergeld

gleichstehen (§ 164), verwechselt werden können, anfertigt oder verbreitet, oder wer Stempel, Stiche, Platten oder andere Formen, die zu ihrer Herstellung dienen können, anfertigt;

5. wer die Vorschriften über den gewerblichen Verkehr mit Waffen oder über das Tragen von Waffen bestimmter Art übertritt;
(§ 367 [9].) Waffenverbote.

6. wer an Orten, an denen Menschen verkehren, Brunnen, Keller, Gruben, Abhänge oder sonstige Vertiefungen unverwahrt läßt, so daß daraus Gefahr für andere entstehen kann, oder wer an solchen Orten ohne polizeiliche Erlaubnis Schlageisen, Fußangeln, Selbstschüsse oder ähnliche Vorrichtungen anbringt oder schießt oder Feuerwerk abbrennt;
(§ 367 [8, 12].) Gefährliche Brunnen, Gruben usw.

7. wer wilde oder bösartige Tiere frei umherlaufen läßt oder die zur Verhütung von Beschädigungen durch solche Tiere gebotenen Vorsichtsmaßregeln unterläßt oder wer gefährliche wilde Tiere ohne polizeiliche Erlaubnis hält;
(§ 367 [11].) Gefährliche Tiere.

8. wer bei Unglücksfällen oder gemeiner Gefahr oder Not die von der Polizeibehörde oder deren Vertreter von ihm geforderte Hilfe nicht leistet, obgleich er der Aufforderung ohne erhebliche eigene Gefahr genügen konnte;
(§ 360 [10].) Nothilfe.

9. wer ungebührlicher Weise ruhestörenden Lärm erregt;
(§ 360 [11].) Ruhestörung.

10. wer unbefugt ein fremdes Grundstück, einen öffentlichen oder Privatweg oder einen Grenzrain durch Abgraben oder Abpflügen oder auf andere Weise verringert;
(§ 370 [1].) Verringerung von Grundstücken.

11. wer unbefugt aus einem öffentlichen oder einem Privatweg oder aus einem fremden Grundstück Erde, Lehm, Kies oder andere Grundstücksbestandteile, zu deren Gewinnung es einer Erlaubnis der Behörde nicht bedarf, wegnimmt;
(§ 370 [2].) Wegnahme von Erde usw.

12. wer Getreide oder andere zur Fütterung des Viehes bestimmte oder geeignete Gegenstände wider Willen des Eigentümers wegnimmt, um dessen Vieh damit zu füttern.
(§ 370 [6].) Wegnahme von Viehfutter.

In dem Falle zu 12 tritt die Verfolgung nur auf Antrag ein. Der Antrag kann zurückgenommen werden.

§ 309.

Mit Geldstrafe bis zu einhundert Mark oder mit Haft bis zu einem Monat wird bestraft:

1. wer die gegen die Störung der Feier der Sonn- und Festtage erlassenen Vorschriften übertritt;
(§ 366 [1].) Sonntagsfeier.

2. wer unbefugt von jagdbarem Federwild Nester oder Brutstätten zerstört oder aushebt, Eier zerstört oder ausnimmt, oder Junge ausnimmt oder tötet;
(§ 368 [11].) Jagdbares Federwild.

3. wer unbefugt ein fremdes Jagdgebiet außerhalb der zu gemeinem Gebrauch bestimmten Wege zur Jagd ausgerüstet betritt;
(§ 368 [10].) Betreten fremden Jagdgebiets.

4. wer Hunde auf Menschen hetzt;
(§ 366 [6].) Hundehetzen.

(§ 366 [7].)
Steinewerfen.

5. wer mit Steinen oder anderen harten Gegenständen oder Unrat nach Menschen, Pferden oder anderen Zug- oder Lasttieren, an fremde Häuser, Gebäude oder Einschließungen, oder in fremde Gärten oder eingeschlossene Räume wirft;

(Neu.)
Grobe Trunkenheit.

6. wer in einem Zustande selbstverschuldeter Trunkenheit, der geeignet ist, Ärgernis zu erregen, an einem öffentlichen Ort betroffen wird.

(§§ 360 Abs. 2, 362 Abs. 3, 367 Abs. 2.)
Besonders leichte Fälle, Arbeitshaus usw., Einziehung.

§ 310.

In besonders leichten Fällen (§ 83) der §§ 305 bis 309 kann von Strafe abgesehen werden.

In den Fällen der §§ 305 Nr. 1 bis 4, 306 Nr. 1, 2 findet die Vorschrift des § 42 über die Unterbringung des Verurteilten in ein Arbeitshaus Anwendung. Im Falle des § 305 Nr. 4 kann statt dieser Maßnahme auf Unterbringung des Verurteilten in eine Besserungs- oder Erziehungsanstalt oder in ein Asyl erkannt werden.

In den Fällen des § 306 Nr. 6, 8, 9, § 308 Nr. 3, 4 kann auf die Einziehung der dort genannten Gegenstände, in den Fällen des § 308 Nr. 5, 6 auf die Einziehung der verbotswidrig getragenen Waffen sowie der Schlageisen, Fußangeln, Selbstschüsse und ähnlichen Vorrichtungen erkannt werden, ohne Unterschied, ob sie dem Verurteilten gehören oder nicht.

Gedruckt bei Julius Sittenfeld, Hofbuchdrucker. in Berlin W. 8.

FSC
www.fsc.org
MIX
Papier | Fördert gute Waldnutzung
FSC® C083411

Kolibri 360 GmbH
Ferdinand-Jühlke-Straße 7
99095 Erfurt, Deutschland
produktsicherheit@kolibri360.de